貨幣幻覺
「一美元」的經濟課

The Money Illusion

歐文・費雪 Irving Fisher ——著

白瑞秋 ——譯

目錄

前言　　　　　　　　　　　　　　　　　　　　　007

第1章　貨幣幻覺概述　　　　　　　　　　　　　008

簡介 ｜ 各國國內的貨幣幻覺 ｜ 兩國交流心得 ｜ 美國的貨幣幻覺
投資者應用分析 ｜ 那黃金穩定嗎？｜ 總結

第2章　貨幣波動程度　　　　　　　　　　　　　024

指數 ｜ 美國的貨幣購買力波動
各種物價指數變動具高度一致性 ｜ 評論

第3章　貨幣為什麼會波動？　　　　　　　　　　036

貨幣與商品的流通量 ｜ 相對通貨膨脹與相對通貨緊縮 ｜ 實際收入
絕對通貨膨脹與絕對通貨緊縮 ｜ 貨幣主導一切
十個美國實例 ｜ 被遺忘的供需 ｜ 個別價格和總體價格變動
通貨膨脹或通貨緊縮背後的原因 ｜ 摘要

第4章　通貨膨脹與通貨緊縮的直接傷害　　058

貨幣比商品更易變動｜「只是」改變記帳方式
債務人與債權人間的不公平｜歐洲範例｜美國範例
美國債券與抵押貸款｜實際利息和貨幣利息
美國農民｜受託管理人的「安全」投資｜「誰拿走錢了？」
戰爭債務｜薪資｜社會不公平的影響程度｜金礦賭博

第5章　通貨膨脹與通貨緊縮的間接損害　　088

不穩定的貨幣——動盪的商業｜不穩定的貨幣——不安穩的就業
勞工的利益｜社會不滿｜勞工問題｜永遠是淨虧損｜總結

第6章　我們能做什麼？　　104

有任何可行的辦法嗎？｜美元換算｜新興的預測分析行業
預測美元價值｜投資顧問｜合約規避｜標準物價表制度
戰時範例｜和平時代範例｜摘要

第7章　銀行能做什麼？　　122

引言｜科學控制的開端｜聯邦儲備系統的舉措
信用控制對美國的重要性｜國際合作｜聯邦儲備系統的國際影響力

第8章　政府能做什麼？　　142

回歸金本位制｜回歸金本位制的三種途徑｜戰前的「常態」
什麼是正常水準？｜國際問題｜未來的黃金問題｜疏忽帶來的危險
「自動運作」的金本位制｜黃金傳統｜固定重量的迷思｜延遲解決方案
黃金問題的可能解決方案｜政府的責任｜摘要

附錄一	**貨幣穩定計畫之概述**	176
附錄二	**有待研究之課題**	190
附錄三	**閱讀清單**	194
附錄四	**專家引言**	211

致謝　　230

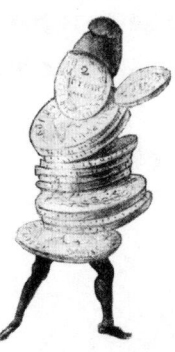

Preface

前言

　　這本書是根據1927年夏天在日內瓦國際研究學院（Geneva School of International Studies）的演講撰寫而成的。

　　本書的目的是要說明，美元與其他貨幣的購買力如何的不穩定；而這種不穩定是由何種隱藏因素所造成；實際上這種情況造成何種傷害，儘管當前還是被歸咎於其他原因；以及已經嘗試或提出的補救辦法是什麼。我們的目的不是要找出一種最佳的補救方法，而是要向讀者，尤其是商業讀者呈現問題點。

　　對於想要進一步了解這項主題的人，附錄中也提供更多的閱讀清單和其他資料。文中提到的所有書籍也都可以在這份書單中找到。

歐文・費雪

耶魯大學

康乃狄克州，紐哈芬市

第 1 章

貨幣幻覺概述

簡介

在我寫下這篇文章的時候，您的1美元實際上只相當於70美分的價值，這意味著它僅具備戰前70美分的購買力。換句話說，1913年只需花費70美分就能購得的商品總量，如今卻得用上100美分才能買到。如今的美元，早已不是戰前[1]的美元了。

美元看似始終如一，實則不斷變動，根本是不穩定的。英鎊、法郎、里拉、馬克等其他貨幣亦復如此。[2]貨幣購買力不穩定這一重大事實，帶出了許多重要的問題。

第一次世界大戰引發了劇烈的物價波動，於是開始有人注意

1　譯注：此處的「戰前」指的是第一次世界大戰。
2　譯注：歐元於2002年正式流通前，歐盟成員國有各自的本國貨幣。

到這些問題。然而,這些關注仍多半侷限於研究經濟現象的專家學者;對一般大眾而言,這些問題幾乎還是聞所未聞的。

為什麼我們會忽略這些問題?為什麼在這些攸關所有人利益的基本課題上,我們的進展如此緩慢?這一切,都是因為我們陷入了「貨幣幻覺」。簡單地說,我們無法察覺美元或其他貨幣價值的膨脹與縮水。我們總是想當然耳地認為「一美元就是一美元」、「一法郎就是一法郎」,彷彿所有貨幣的價值都是恆定不變的。這種誤解,就像哥白尼之前的幾個世紀,人們理所當然地相信地球是靜止的,並深信「日出」與「日落」確實存在。如今我們知道,所謂的日升日落,不過是地球自轉造成的錯覺,但即使如此,我們在日常語言中仍舊說著「太陽升起」與「太陽落下」。

在討論貨幣問題時,我們同樣需要轉變思考的方式。我們不該把「生活成本上升」單純看作是各種商品碰巧同時漲價,而應該意識到,真正發生變化的是美元,或其他貨幣本身的價值。

各國國內的貨幣幻覺

幾乎每個人都會受到「貨幣幻覺」的影響,尤其是在面對自己國家的貨幣時。我們往往覺得本國貨幣是穩定不變的,只有其

他國家的貨幣才會上下波動。這聽起來也許有些奇怪，但事實確實如此——我們往往比較容易察覺外幣的升值或貶值，卻難以看清自己手中貨幣的變化。

舉例來說，一戰結束後，美國人知道德國的馬克已經大幅貶值，但德國人自己卻渾然不覺。1922年，我與另一位經濟學家佛雷德里克・羅曼教授（Frederick W. Roman）一同研究歐洲的物價變動，期間親眼觀察到這種現象。當時我在前往德國的路上短暫停留倫敦，並拜訪了英國駐德大使阿貝農勳爵（Lord D'Abernon）。他告訴我：「費雪教授，您會發現，幾乎沒有德國人認為馬克貶值了。」我驚訝地回答：「那真令人難以置信，因為在美國，連小學生都知道這件事。」然而，事實證明他說的完全正確。

德國人知道物價上漲，也注意到美元與黃金價格攀升，甚至有人認為這是美國壟斷了黃金市場所致，但就是不認為問題出在馬克。他們心中，馬克就是馬克，從未變過。對他們而言，那是理所當然的，就像我們習慣於美元的存在一般。我們在德國旅行期間，曾與二十四位德國人深入交談，結果只有一個人清楚地意識到馬克貶值了。

第 1 章　貨幣幻覺概述

當然,所有德國人都知道物價在上漲,但他們從未想過這和馬克本身有關。他們傾向以其他理由來解釋這種上漲現象,包括商品短缺、封鎖、戰爭造成的破壞,甚至是美國在囤積黃金等。就像幾年前在美國,當我們談論「生活成本高漲」時,很少有人會認為那是因為美元自身發生了變化。

我記得我曾與一位非常聰明的德國婦人長談,她在柏林郊區經營一家商店。她對物價高漲提出了各種瑣碎的解釋,有些說法確實言之成理,就像我們仰望星空時看到的星星,其中一部分的移動是真實的。然而,她完全沒有注意到馬克發行量激增的現象,也沒有理解紙幣通貨膨脹才是造成物價飛漲的主要原因。八年來,她一直身陷馬克貶值所帶來的混亂,卻從未懷疑過真正的根源──通貨膨脹。

我與她交談的那段時間,通貨膨脹仍在持續進行。當時的馬克已經貶值超過98%,價值只剩原來的五十分之一(也就是說,物價大約上漲了五十倍),而她卻絲毫未意識到事實的全貌。她害怕別人以為她在從中牟利,便說道:「我賣給你的那件襯衫,現在的進貨價和售價幾乎一樣。」我還來不及問她為何要賠本賣給我,她就補充說:「但我還是賺到了,因為我當初進貨的價格

更低。」

　　實際上,她並沒有賺錢,而是虧本了。她之所以以為自己獲利,只是因為她被「貨幣幻覺」蒙蔽了。她假設一年前進貨時所支付的馬克,與我現在付給她的馬克,是同樣價值的馬克;就像在美國,我們也會理所當然地假設,不同時間點的美元具有相同的價值。

　　她的帳本其實是用「馬克」這個浮動不定的單位來記帳的。用這樣一個不穩定的計算單位來看,她的帳面數字確實顯示出利潤;但若是改用美元來換算,她的帳本就會顯示出虧損。如果她改用「一般商品」作為衡量單位,那麼虧損的程度只會更大,因為連美元本身也已經貶值了。

　　圖一顯示她的表面收益和實際損失。

　　我們在其他國家也發現了同樣自滿的穩定假設。奧地利人、義大利人、法國人、英國人,所有的人都不覺得他們的貨幣貶值,只是認為貨物價格一直上漲。

兩國交流心得

　　當來自不同國家、使用不同貨幣的人進行交易或溝通時,往

第 1 章　貨幣幻覺概述

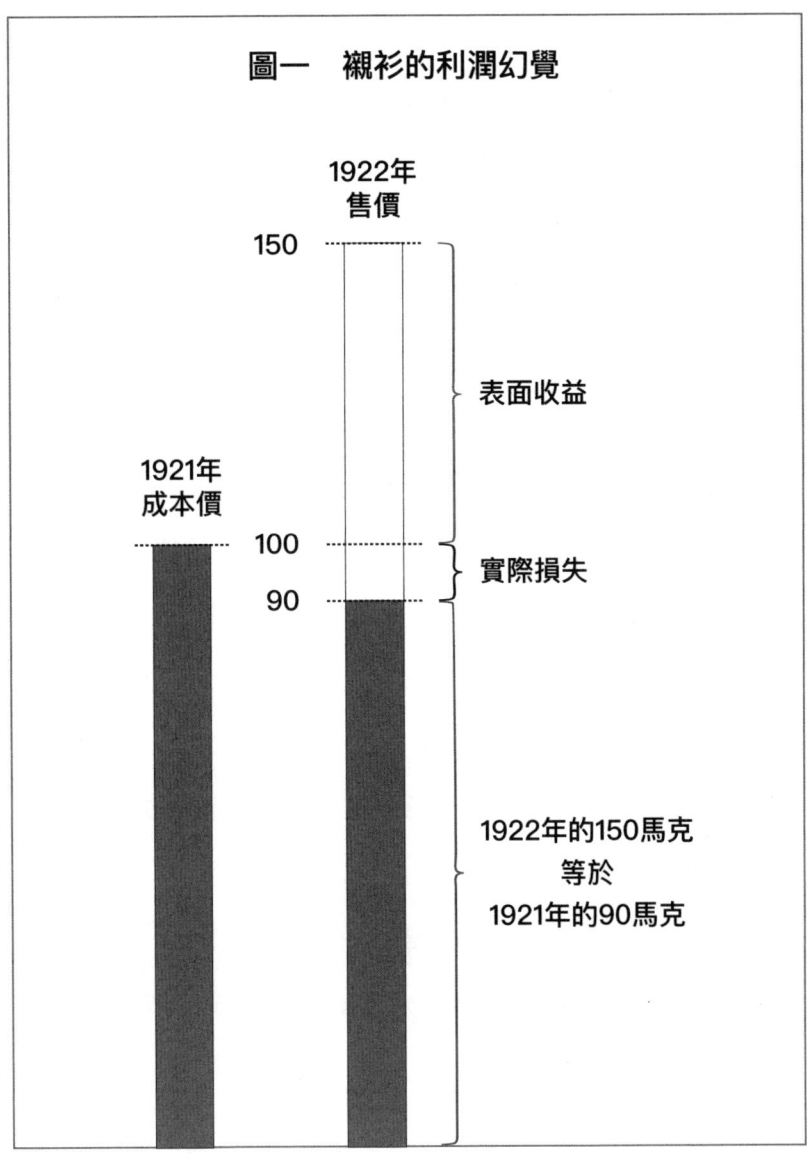

往會發現他們的觀念存在衝突。這一點可以通過一位美國婦人在德國償還抵押貸款的經歷來說明。世界大戰爆發後，她和德國失去聯繫兩年。戰後，她前往德國，打算償還她的貸款。她一直以為自己的債務是7,000美元。按當時的德國貨幣計算，這筆債務在法律上應該是28,000馬克。她找到負責這筆事務的銀行員，說：「我想償還7,000美元的抵押貸款。」銀行員回答說：「金額不是7,000美元，而是28,000馬克；換算成今天的貨幣，大約是250美元。」她說：「哦！我不想因為馬克貶值而佔你們的便宜，我堅持要支付7,000美元。」銀行員無法理解她的觀點，他解釋說在法律上並無必要如此，他真的無法理解這位婦人的顧慮。

然而，事實上，這位美國婦人並沒有考慮到美元的價值也發生了變化，只是變動幅度相對較小。她關心的是美元的價值，就像銀行員關心的是德國馬克的價值一樣。她堅持償還7,000美元，而不是250美元，但如果有人告訴她，美元也有所貶值，那麼原本的債務等值購買力應該是12,000美元，而非7,000美元，她應該支付12,000美元，這時她可能會反對這樣的說法。她將和銀行員一樣，無法理解這一點。

第 1 章　貨幣幻覺概述

美國的貨幣幻覺

因此，我們美國人在「貨幣幻覺」方面也不例外。如果一個美國人試圖將美元視為一個變動的貨幣，他將感到非常困惑，因為他很難找到一個穩定的標準來衡量美元。即使美國實行金本位制度，美元的購買力依然是波動的。簡單來說，我們之所以認為美元是固定的，主要是因為它與黃金的兌換比率是固定的，但在能夠購買的商品和服務的數量上，卻並非如此。

幾年前，一位非常能幹的美國商人對我說：「我賺了很多錢，也曾進入過許多企業的董事會。我從來沒聽過有人說美元的不穩定與時局艱難有關；我不認同這種想法。」

令人欣慰的是，許多具有遠見的商人已經開始意識到美元的波動。1925年，當人們都在讚嘆股市的繁榮時，當時的財政部長梅隆（Andrew Mellon）指出，如果考慮到美元貶值的影響，實際上股票市場的價格並不像戰前那麼高。他說得對，因為美元貶值往往會推高商品和財產的價格，當然也包括代表財產配置中的一環：股票。

1925年稍早，現任雷明頓蘭德公司（Remington Rand Inc）

總裁小詹姆士・蘭德（James H. Rand, Jr.）也詳細闡述了相同的觀點。長期以來，他對美元波動問題一直保持高度關注，並因此保留兩份帳目：一份記錄當時市場上交易的價格，另一份則是轉換為美元購買力穩定下的價格。他這麼做是為了避免像柏林的女商家那樣，因貨幣不穩定而遭受損失。如果沒有這樣的購買力轉換，我們都可能陷入自欺欺人的境地。

1919年，正值通貨膨脹時期，一位著名的銀行家第一次學會將帳目換算為穩定的美元價值。當他意識到這一點後，他拿出便條紙，做了一些計算。隨後，他不禁感嘆道：「我一直在吹噓我的銀行如何擴大存款和貸款的數字，但現在我終於明白，如果將美元貶值的因素考慮進去，我其實只是以戰前價格的兩倍，做著與戰前差不多的生意。我一直吹噓的擴張，原來只是一種假象。」

美國鋼鐵公司以其快速成長而聞名，的確，它的成長速度可謂非常迅速。然而，我們所看到的成長幅度，可能比實際情況更為誇大。這主要是因為在比較現在與過去的紀錄時，往往忽略了美元貶值所帶來的影響。歐尼斯特・杜布魯（Ernest F. DuBrul）在一篇文章中（詳見附錄中的閱讀清單）深入探討了這間公司實際成長與表面成長之間的差異。

投資者應用分析

將「不穩定美元」的概念應用到您自己的情況中。假設您在戰前每股獲得四美元的股息,而現在每股是五美元的股息。您可能會認為,您的股息比以前多了百分之二十五。然而,當您考慮到這些美元股息的購買力時,您會發現,實際回報下降了12.5%!

計算一下就知道了。如前所述,與1913年相比,今日1美元的價值相當於戰前的70美分;也就是說,平均而言,今天的1美元所能購買的商品,只相當於1913年1美元所能購買商品的百分之七十。基於這一數字,假設您今天的五美元股息換算成1913年的舊美元,因為每1美元實際上相當於戰前的70美分,您會發現5美元實際上是70美分乘以五,即3.5美元。換句話說,您原本的股息是4美元,而現在所得到的,僅相當於3.5美元的購買力。

近來,有兩位來自銀行和證券業界的研究員——艾德加・勞倫斯・史密斯(Edgar Lawrence Smith)與肯尼斯・范斯壯(Kenneth Van Strum),分別在其著作《長期投資的獲利金律》(*Common Stocks as Long-Term Investments*)和《投資購買力》

(*Investing in Purchasing Power*)中發表了他們的觀點,並探討了這些觀點對美國投資者的意義。這兩位研究者採用了獨立的研究方法,得出的結論令許多保守的投資者感到驚訝。他們指出,即使在美國,以購買力來衡量,債券持有人的投資也不一定是安全的。原因非常簡單──只要美元的價值不穩定,任何以支付美元為基礎的協議都不安全。無論您多麼確定將來一定能拿到1美元,您也無法確定那時1美元的價值會是多少。這兩位研究員還發現,在某些情況下,債券持有者不僅未能獲得應得的利息,反而在實際購買力上遭受損失。他們實際上損失了部分本金,但就像那位德國店主一樣,他們對此渾然不知。

那黃金穩定嗎?

即使是在那些已經放棄金本位制度,轉而使用紙幣的國家,仍然存在著強烈的「貨幣幻覺」。儘管這些國家的商人不斷發出警告,並能從各國貨幣(如馬克、法郎、克朗)與過去的黃金貨幣或其他國家貨幣的浮動報價中察覺到一些變化,但一般民眾卻往往難以察覺。而在仍實行金本位制度的國家,由於缺少這些貨幣波動的警示,貨幣幻覺又更加嚴重。這些國家的人民往往錯誤

第 1 章 貨幣幻覺概述

地將穩定的貨幣價值視為貨幣健全的證據。

也就是說,在金本位制度的國家中,「黃金價格」從未變動,而這正成為穩定性的象徵。在美國,純金的售價約為每盎司20美元(準確來說是20.67美元),而自1837年美元的純金含量被固定為約二十分之一盎司純金(準確來說是23.22克)以來,這一價格便保持不變。當然,這兩個數字是相互關聯的,但它們並無法證明黃金對其他商品的購買力是固定的。它們僅僅意味著,在以「黃金」本身作為衡量單位的情況下,黃金的價值保持不變。

有一段時間,當人們都在抱怨「生活成本上升」時,我開玩笑地問我的牙醫,牙科所用的黃金價格是否也漲了。讓我感到驚訝的是,我的牙醫竟然非常認真,指示他的助理去查詢相關數據。幾分鐘後,助理回覆說:「醫生,您所支付的黃金價格和以前一樣。」

牙醫轉過頭來對我說:「是不是很神奇?黃金真的是一個非常穩定的商品。」

是的,很神奇」,我說,「這就像一夸脫牛奶的價值始終等於

兩品脫牛奶一樣。」[3]

「我不懂」,他說。

我問他,「好,回答我1美元是什麼?」

「我不知道」,他回答。

「這就是問題所在」,我說。「美元大約相當於二十分之一盎司,因此,一盎司黃金等於20美元,自然,一盎司黃金的價值就固定為20美元。美元和盎司一樣,都是重量單位。它只不過是一個偽裝成穩定的價值單位或購買力的重量單位。」[4]

總結

使用固定重量的美元來替代真正穩定的美元,就像用固定重量的銅、固定長度的地毯或固定數量的雞蛋來代替一樣糟糕。如果我們將一美元定義為一打雞蛋,那麼從此之後,雞蛋的價格必然會永遠是每打一美元。然而,實際上,雞蛋的供需關係仍然會持續運作。如果母雞不下蛋,而雞蛋的價格依然不變,那麼所有

3　譯注:夸脫和品脫是容量單位,換算標準為一夸脫等於兩品脫。
4　譯注:作者會這麼說,是因為在金本位制度下,美元與黃金的兌換比例是固定的,直到當時仍然影響著人們對貨幣的理解。

第 1 章　貨幣幻覺概述

其他商品的價格將會因此下跌。一顆雞蛋可以購買比以前更多的東西。但在貨幣幻覺的影響下，我們不會察覺到是母雞造成了低價格和經濟困難的時期。

　　如果美元的重量不是固定的，那麼美元究竟應該在什麼意義上是固定的呢？顯然是購買力。我們使用美元作為價值單位或購買力單位，而不是重量單位。我們有其他的重量單位，例如磅、盎司、格令、克。我們用這些單位來稱重。但美元從來不是用來稱重的單位。23.22格令的銀或銅不是一美元，只有23.22格令的黃金才是一美元。即使如此，格令對我們來說是重量單位，但美元卻不是。我們從未這麼看待它，我們認為美元是一種價值單位。沒有人會關心，也不應該關心一美元有多重，最重要的問題是它能買到什麼。正如經濟學家傑納瑞·沃克（General F. A. Walker）所說，「錢指的是就是錢的用途」或「美元就是指它所能買到的東西」。將美元的固定重量與固定價值混淆，就像混淆一隻尺的固定重量和固定長度一樣。如果標準局（Bureau of Standards）生產一隻尺的重量是相同的，那並不意味著它們的長度也相同。它們可以準確地用來秤糖的重量，但卻無法精確地用來量布。

如果從上述敘述類推，我們的美元可以精確地用來秤糖，但卻無法精確地衡量價值。這正是被貨幣幻覺所掩蓋的事實。

第 2 章
貨幣波動程度

指數

儘管與大眾普遍的認知相反,我們已經看到美元、法郎或其他貨幣單位,並不像其他度量單位那樣穩定,而是缺乏恆定性。那麼,我們該如何判斷美元價值何時發生了變化?又該如何衡量這個變化的幅度?我們能用什麼工具來衡量貨幣的「實際價值」?答案就是「指數」。

指數是一種數值,用以衡量一組具代表性商品在兩個時間點間的平均價格變動幅度,以百分比呈現。

假設我們從1913年價值一美元的一籃子商品開始,這個「市場籃子」包含各種具代表性的商品,例如麵包、奶油、雞蛋、牛奶、布料等,這些商品的比例根據當時一般家庭的實際消費配

置,這整籃商品在1913年可用一美元購得。

再假設到了1919年,一美元只能購買該籃子的一半內容。換言之,這籃商品在1919年的價格是兩美元,而不是一美元;也就是說,整體價格翻了一倍。根據這些數字,我們可以說1919年的商品價格指數是1913年的兩倍;如果我們將1913年的價格水平設定為100,那麼1919年的指數就是200。

當然,這並不意味著每一種商品的價格都翻了一倍。有些商品的價格超過一倍,有些則不到一倍,極少數甚至不漲反跌。

在1913年到1919年間,商品價格的確發生了翻倍的變化。這個情況可以用兩種方式來表達,一可以說是價格指數,或那個假想的「市場籃子」裡的商品價格變為原來的兩倍,另可以說是美元的價值只剩下原來的一半。

如前所述,現今(1928年)一美元的價值已高於1919年,今日的一美元大約能購得1913年那籃商品中超過三分之二的內容。換句話說,今日的一美元相當於戰前70美分的價值。

如先前提及,市場籃子中的各項商品理應按照合理比例配置。但在實際操作上,商品組合比例是否經過精挑細選,並無太大的差別。這是因為大多數商品的價格往往會同步漲跌,這一點

毋庸置疑，但對那些不了解價格指數的人來說，可能會對此感到訝異。

圖二是根據美國勞工統計局第181號公報所公佈的數據繪製而成，顯示兩條曲線：一條是「加權」曲線，根據商品買賣的數量進行加權，另一條則是「未加權」曲線，對每一種商品給予相等的權重。讀者可以發現，這兩條曲線通常會同步上下波動。

美國勞工統計局每個月發布一項指數，係根據550種商品的批發價格所編製。我本人則每週發布一項指數，所依據的則是120種商品的價格[1]。紐約聯邦儲備銀行的經濟學家卡爾・史奈德（Carl Snyder）則建構了一項「一般指數」（General Index）[2]，涵蓋的對象更為廣泛，包括各類商品、財產與服務的價格，不僅僅是批發與零售商品，還包括股票、債券、房地產、工資、租金與運費等。

目前有越來越多的統計學者、銀行的統計部門及商業界人士

---

1 譯注：作者自己成立一間指數公司（Index Number Institute），向大眾提供指數形式的經濟數據。
2 譯注：亦稱「物價總指數」或「綜合物價指數」，根據一組廣泛組合的商品及勞務價格平均值計算而得，反映一個國家總體物價水準的變動。

第 2 章　貨幣波動程度

圖二　加權指數及未加權指數
（美國批發價格）

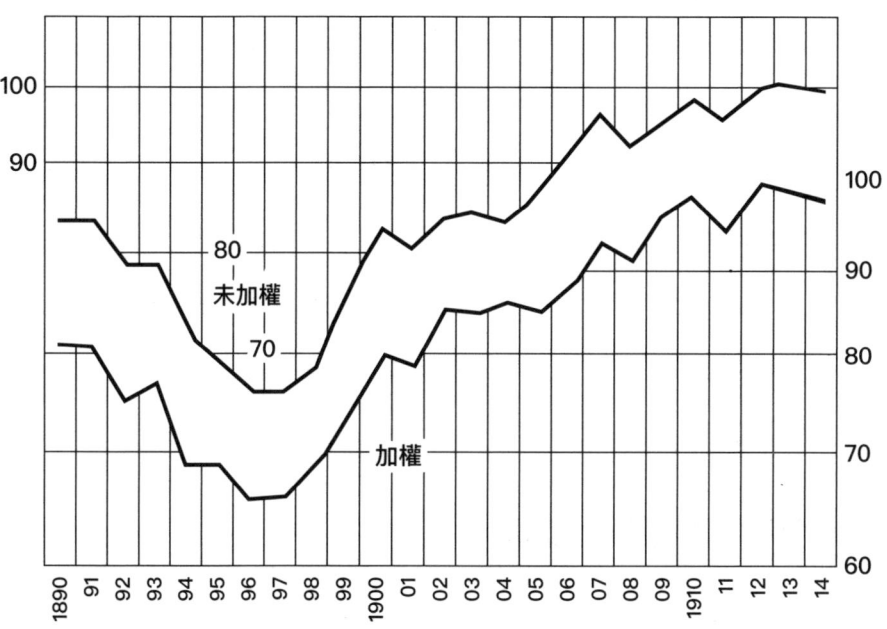

採用這類指數,近年來,甚至連一般大眾也開始運用它們。不少商業機構與部分官方單位,已經開始依據生活費用指數來調整工資。德國的道斯計畫(Dawes Plan)[3]在安排賠款支付時,也採用了某些價格指數。1927年於日內瓦召開的世界經濟會議亦建議,應建立各類價格指數,供全球性使用。

如前所提,若將價格指數「上下顛倒」來看,就會得到美元購買力指數。這兩種指數就像是翹翹板,一個指數上升,另一個就下降,反之亦然。因此,我們總是同時擁有兩項對應的指數,一是價格指數,一是美元購買力指數,這兩者雖呈現相反方向,講述的卻是同一個故事。

歐洲的貨幣購買力波動

若將價格指數工具應用於探究歷史時,我們會發現物價水平和貨幣兩者間所經歷的變化。指數顯示,相較於1913年的水平,德國的商品價格在第一次世界大戰期間及戰後上漲了超過一兆倍;換言之,德國馬克的購買力已縮水至1913年的一兆分之一以

---

3 譯注:1924年為解決德國第一次世界大戰賠款問題而制定的國際經濟計劃。

下；在俄羅斯，物價漲幅雖遠不及德國，但也超過了十億倍；在波蘭，漲幅沒那麼劇烈，卻仍超過了一百萬倍；在奧地利，漲幅比周遭國家「少一點」，也達到兩萬倍；至於義大利、法國及其他幾個國家，漲幅雖然較為溫和，仍然有五至十倍之多。而在英國、加拿大與美國，漲幅雖小，也達兩到三倍，換句話說，美元與英鎊的購買力已跌至戰前的一半或三分之一。

美國的貨幣購買力波動

在美國內戰期間，美元迅速貶值，到了1865年，其購買力僅剩1860年的五分之二。接著，自1865年至1896年這三十一年間，美元的購買力又逐步回升，增長了四倍。之後，潮流再度逆轉，美元再度貶值，到1920年，其購買力已降至1896年的四分之一。最後，自1920年5月至1921年6月，美元的購買力再度迅速上升，從戰前的40美分回升至70美分。上述數據均以批發價格為基礎，若納入其他類型的價格（如零售價格），則價格波動的幅度會顯得沒有那麼極端。自1921年以來，美元大致維持穩定，至今僅有相對輕微的變動。

圖三顯示了自1850年以來的美元價值變化，每五年為一時

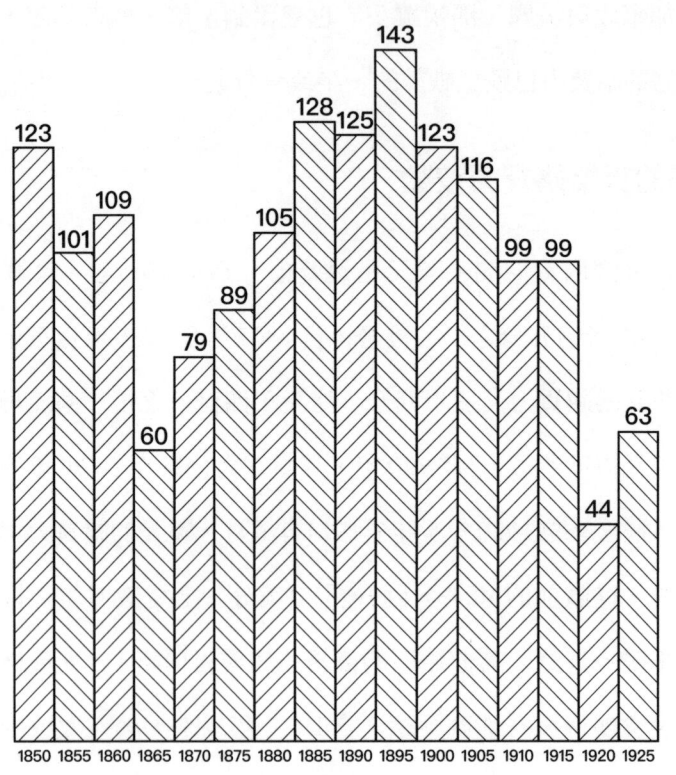

間間隔。所有數字皆以「戰前美分」，也就是 1913 年的美分為基準單位。

這些事實表明，相較於德國馬克或俄羅斯盧布的極端變化，雖說美元的波動算是輕微的，但若對比美元自身，其波動仍然劇烈。在這幾十年間，美元價值增長了近四倍，卻又在短期內發生同等程度的萎縮，在後來的一年多內，又發生了另一次巨幅增長，在在顯示美元遠遠未達穩定狀態。換言之，即便美國是金本位制國家，其貨幣的購買力仍呈現實質波動，只不過，相較於紙幣本位制度的國家，這種波動相對較小而已。

各種物價指數變動具高度一致性

圖三所採用的指數係根據批發價格編製而成。然而，即便改以零售價格為基礎，或甚至採用涵蓋各類商品與服務的「一般價格」，所得結果也不致有顯著差異。批發指數與一般指數之間的落差，可參見所附表格。值得注意的是，這些不同的指數之間呈現出高度一致的變動趨勢。圖中所列批發價格的指數，與表三所用者相同；至於表格最後一欄所示的一般物價指數，則是由卡爾‧史奈德所計算。

表一　美元的購買力
（以1913年的美分為基準）

	批發指數	一般指數
1875	89	88
1880	105	102
1885	128	122
1890	125	122
1895	143	145
1900	123	122
1905	116	116
1910	99	104
1915	99	97
1920	44	52
1925	63	59

第2章　貨幣波動程度

不同年份中,批發價格指數與一般價格指數的差異依序為:1、3、6、3、2、1、0、5、2、8、4美分。其中最大差異為8美分(由1920年的52美分減44美分所得出),平均差異為3.2美分;在這11個年份中,僅有兩個年份的差距超過5美分。

究竟該採用哪些指數作為穩定物價的最佳依據,這是一個極具技術性的問題,但如本表所示,即使在兩個數值差距甚多的情況下,各個指數變動趨勢仍彼此吻合一致。每一種指數所揭示的,其實都是同一個事實:一個價值起伏極大的美元。

評論

試想,若量尺、磅秤、蒲式耳量桶(bushel)[4]、加侖容器或千瓦測量器,像橡皮筋那樣,能來來回回地縮小膨脹將近四倍,我們該如何是好?

假如一家鐵路公司訂製六呎長的枕木,而在交貨前,所用的量尺卻突然變成原來的四倍長!又或者,一座穀倉購進了1000蒲式耳的小麥,但此時的量桶卻縮小到原容量的四分之一!就像

---

4 譯注:一種英制的容量和重量單位,主要用於測量乾貨,特別是農產品的重量。

那條橡皮筋尺，忽長忽短；又像那能吸濕與乾燥的秤砣，時輕時重，變化莫測，美元作為價值的衡量標準單位，也同樣具有變動的特性，毫無定準。

世界大戰讓全球大部分的貨幣波動更甚以往，也讓人們稍微意識到貨幣不穩定性的嚴重性。就像是德國一樣，由於馬克在短短數年間貶值超過百倍，才總算讓多數人開始感覺到貨幣確實發生了變化，所以要擺脫「貨幣幻覺」竟是如此的困難。

即使在如此極端的情況下，「貨幣幻覺」也不會消失殆盡。德國人只是將對本國貨幣的穩定錯覺，轉移到了外國貨幣身上。就像乘客驚訝地發現，是自己所搭的列車在移動，而不是隔壁軌道上的列車，多數德國人也是在物價飆升數百倍後，才猛然驚覺馬克正在貶值，並立刻假定瑞士法郎或美元是「紋風不動」的。此後，他們開始日日關注外匯行情，並迅速調整本地價格。他們轉而羨慕外國人，誤以為對方所用的是穩定可靠的貨幣。結果，他們渴望回歸金本位制度，卻未曾思索是否還有比金本位更適當穩妥的制度。

正因為紙幣馬克的劇烈變動，反而讓人無法看清金本位同樣也搖擺不定。黃金固然比戰時無節制發行的紙幣穩定得多，卻也

因此被過度理想化。然而,正如前述指數所揭示,金本位從來都不是理想制度,差得可遠了。

第 3 章

貨幣為什麼會波動？

貨幣與商品的流通量

現在的問題是：為什麼貨幣的購買力會出現變化？簡單來說，答案就是「相對的通貨膨脹和通貨緊縮」。這裡特別強調「相對」一詞，其意思是指，比較同一期間的貨幣流通量的變化與商品流通量的變化，從兩者之間的相對差異來判斷是否出現通貨膨脹或通貨緊縮。

這裡所說的「貨幣」，主要包括三種類型：第一是黃金——只要金本位仍在，其他一切形式的貨幣最終都可兌換為黃金；第二是紙幣；第三是銀行存款，也就是我們存放在銀行、透過支票支付的資金。這些銀行存款，通常被稱為「存款貨幣」，與黃金和紙幣最大的差別，在於它的「可接受性」：黃金與紙幣可被任

何人無條件接受,而支票則需收款人個別同意後方能使用。

與黃金和紙幣相比,「存款貨幣」在經濟中扮演的角色更為關鍵,因為它在商品交易中的使用量遠遠超過前者。事實上,其交易額大約是黃金與紙幣的八到十倍。

每當一筆交易發生,貨幣便從買方流向賣方,商品則從賣方流向買方。若將一年內所有這類貨幣流動加總,便得出一年的貨幣支付總額。以美國為例,這個數字大約介於6,000億至1兆美元之間,這裡我們姑且以9,000億美元計。

而實際存在的貨幣總量(包括信貸在內)約為300億美元。換言之,這些貨幣必須在一年內平均週轉30次,才能完成全國所有商品的所有權轉移。

簡單舉例,假設當年全國的商品總量為300億噸,平均價格為每噸30美元,那麼商品總價值正好為9,000億美元,也恰與該年貨幣的總支付額相符。

相對通貨膨脹與相對通貨緊縮

如果這兩種相對應的流動,即貨幣流通和商品流通,每年皆維持等值(例如皆為9,000億美元),且穩定地以相同速度進行,

則不會出現通貨膨脹或緊縮,整體物價水平也將維持不變。即使兩者同時擴大或縮小,只要變化的速率一致,總體物價依舊會保持穩定。

這種貨幣流通量與商品流通量同步增減的狀況,便可視為一種「正常」狀態。換言之,為順應商業活動需求,貨幣的流通會隨之同步擴張或收縮。這正是所謂的「彈性貨幣」(elastic currency)。

然而,如果這兩種流通無法同步會發生什麼事呢?假設商品流通量維持不變(如每年300億噸),而貨幣流通量卻增至12,000億美元,那麼顯然,物價水準不可能維持原狀(每噸30美元),勢必會上升。因為商品流通總值依舊只有9,000億美元,完全無法跟上貨幣12,000億美元的流通量。

簡而言之,若市場上商品供給不變,卻有更多貨幣追逐相同數量的商品時,商品價格勢必上升,正如在同一片麵包上塗抹更多奶油,奶油的厚度必然增加。在此比喻中,「奶油」的厚度象徵「物價水準」;「麵包」則代表「商品數量」。

同樣的,假設商品流通量維持不變,而貨幣流通量減少(可購買的資金變少),那麼物價水準將會下降。就如在同一片麵包

上塗抹較少的奶油，平均而言，奶油層必然會變薄。

從另一個角度來看，假設貨幣的流通量不變，而商品的流通量增加，物價水準將會下降；就像是將同樣多的奶油塗抹在更大的麵包片上，奶油層自然會變薄。

最後，再假設貨幣的流通量保持不變，而商品的流通量減少，物價水準將會上升；如同將相同的奶油塗抹在較小的麵包片上，奶油層自然會變厚。

事實上，無論是貨幣還是商品的流通量，都難以恆定不變。商品流通量往往逐年穩步上升，貨幣流通量則雖多呈增加趨勢，卻時增時減，變化無常。歸根究柢，決定物價水準的重要因素，從來不是單方變動，而是兩者之間的消長關係。

因此，我們可以將上述「奶油與麵包」的比喻，與貨幣與商品的流通關係，統整成以下概念：

當奶油變多，而麵包大小不變，奶油層就會變厚；同樣地，當貨幣流通量相對於商品流通量增加，物價水準上升，這稱為「相對性的通貨膨脹」。

當奶油變少，而麵包大小不變，奶油層就會變薄；同樣

地，當貨幣流通量相對於商品流通量減少，價格水平將下降，這稱為「相對性的通貨緊縮」。

實際收入

然而，「相實際收入對性通貨膨脹」或「相對性通貨緊縮」顯然還不是整個故事的全部。若只是為了解釋「整體物價與美元購買力的升降」，或「通貨膨脹與通貨緊縮」的變動，探究其背後是貨幣流通量單方面變動、商品流通量單方面變動，抑或兩者同時變動所導致的相對失衡，其實最終結果並無太大區別。但在其他層面，尤其牽涉人類福祉的重大議題時（本書後續章節將詳加討論），這些變動的根源差異便顯得至關重要，絕對不可等閒視之。

金錢對個人的重要性主要體現在兩個方面：一是他的美元收入；二是每一美元的購買力。個人的實際收入，正是由這兩者相乘得來，即每一美元的購買力乘以美元收入，從而得到他總體收入的購買力。

對個人而言，實際收入具有重要的經濟意義。一般而言，一個人的實質收入增減，主要取決於整體社會總實質收入的增長速

度，而社會總體收入的增長則需與人口增長速度做比較。每人平均實質收入是所有國家的首要經濟指標。

人均商品流通量與人均貨幣流通量

實質收入的擴張或收縮大致與商品流通量成正比，因此，人均實質收入的增減會直接反映在人均商品流通量的增減上。簡言之，人均商品流通量是一項實用的指標，可用來反映每個人所享有的經濟財富程度。

若我們同樣將貨幣流通量換算為人均數據，便能夠明確區分物價水準變動的原因究竟來自貨幣面還是商品面。

人均商品流通量維持不變，則價格水平的變動完全來自於人均貨幣流通量的變化。

人均貨幣流通量維持不變，則價格水平的變動完全由人均商品流通量的變化所造成。

兩項人均流通量皆發生變動的話，兩者皆為價格水平變動的成因，其影響程度則與各自的變動幅度成正比。

例如，若人均貨幣流通量增加一倍，或人均貨物流通量減半，只要其中一項發生，都會導致價格水平翻倍。這兩者的影響力相當，如果同時作用，則價格水平將達到原來的四倍。

絕對通貨膨脹與絕對通貨緊縮

藉由上述方式來闡明總體價格水平變動的問題，可將其原因歸結為以下四種：

1. 人均貨幣流通量增加

2. 人均貨幣流通量減少

3. 人均商品流通量增加

4. 人均商品流通量減少

前兩者可分別稱為「絕對通貨膨脹」和「絕對通貨緊縮」，相較於前文已經定義的「相對通貨膨脹」和「相對通貨緊縮」有所區別，相對通膨或相對通縮也可描述為人均貨幣流量相對於人均商品流量的增減。

藉由這些定義，我們為「相對通貨膨脹」、「相對通貨緊縮」、「絕對通貨膨脹」、「絕對通貨緊縮」賦予了明確的意涵。這些定義有助於我們清晰地思考，並擺脫常用的「通貨膨脹」和

「通貨緊縮」模稜兩可的含義。

貨幣主導一切

大多數人誤以為，物價變動主要是由商品供應的多寡所造成，與貨幣流通量無關。具體來說：

當物價上漲時，他們通常歸咎於商品供應不足，認為高物價（即高生活成本）純粹是物資短缺的結果，而非貨幣流通量的增加（即絕對通貨膨脹）；

當物價下跌時，也往往解釋為商品過剩所致，而非貨幣流通量的減少（即絕對通貨緊縮）。

但這種想法毫無道理，他們忽略了貨幣流通量對價格水平的關鍵影響。這種誤解之所以普遍，正是因為我們老朋友「貨幣幻覺」在作祟。它遮蔽了市場的貨幣面向，使人們只注意到商品面向，從而陷入錯誤的觀察與判斷。

根據歷史經驗，幾乎所有引人注目的通貨膨脹與通貨緊縮，往往同時具備「相對」與「絕對」的性質。換句話說，極少有哪

一次通膨或通縮，是單純由貨幣或商品流通量的單方面變動所導致的。

實際上，貨幣流通的變動通常極為劇烈；相較之下，商品流通變動則緩慢許多，且多呈現穩定上升的趨勢，特別是以人均計算時更為明顯。包括瑞典斯德哥爾摩大學的古斯塔夫・卡賽爾（Karl Gustav Cassel）教授、英國劍橋大學的約翰・梅納德・凱因斯（John Maynard Keynes）教授、美國史丹佛大學的霍布魯克・沃金（Holbrook Working）教授，以及我本人，都在相關著作中證實了這一點。

以近年德國、俄羅斯、波蘭與奧地利的極端通貨膨脹與通縮為例，毫無疑問，貨幣流通量的劇烈波動才是壓倒性的決定因素。即便商品流有變動，其幅度也遠不及貨幣流之劇烈。當價格水平暴升至千倍、甚至百萬倍時，我們幾乎可以斷定，這種現象是由通貨膨脹所驅使的，而且這樣的特性，既是相對通貨膨脹，也是絕對通貨膨脹。

法國大革命的紙幣，以及美國獨立戰爭時期的「大陸幣」[1]和

---

[1] 「大陸幣」（Continental Currency）是美國獨立戰爭時期（1775-1783年）由大陸會議

南北戰爭時期的「綠背紙幣」[2]皆是如此。大陸幣在獨立戰爭期間貶值極其嚴重,以至於歷經一個半世紀後,我們仍能從一句流傳至今的俗語中感受到當年的痛苦:「一文不值」(It isn't worth a Continental)[3]。

然而,世人往往不了解,即使在太平盛世,乃至於在美國這樣的金本位制的國家,貨幣流的變化仍然具有壓倒性的影響力。

十個美國實例

以下這些美國的重要例證中,通貨膨脹或通貨緊縮,不僅具有絕對性與相對性,更在每個歷程中,左右了價格水平的漲跌:

1. 通貨膨脹,1849-1860年。加州和澳洲的金礦大量產出黃金。

(Continental Congress)發行的一種紙幣,為了應付獨立戰爭的開支所印製,但因缺乏黃金、白銀等貴金屬的支撐和過度發行,導致大陸幣價值嚴重貶值。
2 「綠背紙幣」(Greenbacks)是美國內戰時期(1861–1865年)由聯邦政府發行的一種不兌換黃金的法定紙幣,因其背面印刷為綠色而得名。由於戰爭開支龐大,政府無法以黃金儲備支持所有發行貨幣,因此停止綠背紙幣與黃金的兌換。戰後,政府逐步收回綠背紙幣,並於1879年正式恢復其兌換黃金的功能,重新回歸金本位制度,以穩定貨幣信用與價格水準。
3 譯注:英文中的Continental指的就是大陸幣。

2. **進一步的通貨膨脹**，1860-1865年。南北戰爭期間，「綠背紙幣」的發行量急劇增加。

3. **通貨緊縮**，1865-1879年。南北戰爭後，「綠背紙幣」的數量減少，最終恢復為可兌換黃金的貨幣。

4. **進一步通縮**，1879-1896年。黃金產量開始下降，與此同時，許多國家紛紛放棄原先的黃金、白銀雙金屬本位，轉而採用單一黃金本位，掀起一場「黃金爭奪戰」。

這段時期尤為引人注目，許多經濟學家曾認為它是唯一的例外。我過去也持相同看法，認為在那幾年間，商品流通量的大幅增加，就是造成價格水平下跌的原因，當時也確實有某些著作支持這項觀點（我們當時的假設是貨幣流通量與人口數等速成長）。然而，卡爾・史奈德與統計學家威爾福德・金（Willford I. King）近期對實物生產量統計研究顯示，1879年到1896年，商品生產量僅增加了30%，而人口則增長了44%。商品流通量或貿易總量的增幅，甚至連人口增長都追不上。

由此推論，若貨幣流通量的增幅恰與人口成長速度一致，也就是人均貨幣流通量保持不變，那麼商品流通量落後於人口成長，本該導致價格水平上升，然而，實際情況卻是價格下跌。因

此，價格的下跌只能完全歸因於人均貨幣的短缺，而非人均商品的過剩。

5. **通貨膨脹**，1896-1914年。新金礦陸續開發，氰化物製程技術問世，大幅提升黃金產量。來自科羅拉多州、阿拉斯加、加拿大及南非等地的黃金產量呈現顯著增長。

6. **進一步的通貨膨脹**，1914-1917年。歐洲爆發紙幣通貨膨脹，而美國當然不會接受歐洲用紙幣支付向我國採購的軍備用品和糧食，因此，主要的支付方式是黃金，導致了歐洲大量黃金流入美國。與此同時，聯邦儲備系統的成立，進一步促成了信貸通貨膨脹（credit inflation）的現象，換言之，這套新系統允許以相同的黃金儲備量，創造更多的信貸。

7. **進一步的通貨膨脹**：1917-1918年。美國參戰後，基於與第六項提到的相同原因，黃金和信貸進一步膨脹。民眾為了「借錢給政府」，紛紛向銀行貸款，導致信貸擴張的速度更甚以往。這些資金，或稱「信用貨幣」，並非原本存在的貨幣，而是銀行透過記帳憑空創造出來的。我記得在一次為自由公債募款的巡迴演講時，一位不諳經濟學的神父向在場民眾呼籲：「把錢借給山

姆大叔！也就是購買自由公債（Liberty Bonds）[4]。如果你沒有錢，那就去銀行貸款來買公債。如果銀行要求抵押品，就告訴他們，你會用貸款買來的公債抵押給他們。這簡直就像一種永不停止的運動一樣！」

太多人誤信這項建議，這就像不大可能存在的永恆運動一樣，不切實際、靠不住。人民借給政府的錢，不是自己的儲蓄，而是向銀行借來的，實際上人民根本沒有借錢給政府。銀行倒不如直接貸款給政府，事實上，銀行也不是用銀行本身有的存款作放貸，而是在帳簿上寫下一筆「存款」而已。這種虛假的貸款模式，在所有參戰國都很常見。「放款人」看似借出資金，實際上卻只是在增加貨幣流量、製造通貨膨脹，而商品流量並沒有相應成長。

8. 進一步的通貨膨脹：1918-1920年。戰後，勝利公債（Victory Loan）[5]的發行方式依舊；為了維持低利率，財政部對聯邦儲備系統施加壓力。此低利率政策進一步刺激了商業擴張和投機性

4　譯注：美國在一戰期間發行的債券，提供協約國後援。
5　譯注：戰後為支持戰爭債務、經濟重建而發行的短期公債。

的借貸。

9.**通貨緊縮**，1920-1922年。為了反制先前的通貨膨脹，信貸條件隨之緊縮。

10.**輕微改變**，1922-1928年。聯邦儲備系統實施新政策，目的是「順應商業需求」。

被遺忘的供需

那些認為貨幣對價格水平影響甚微，甚至毫無影響的人，常說「供需決定一切商品的價格」。這種說法在某種意義上來說是可以被認同的，但究竟是什麼的供需呢？人們往往只想到小麥、玉米、糖、鋼鐵等商品的供需，卻完全忽略了貨幣本身的供需。由於貨幣的供需變化不會改變它自身的價格，貨幣的價格只能透過商品交易來表現，正如我們之前指出的，如果一美元好比是一打雞蛋，雞蛋的供需變動不會改變雞蛋本身的價格，但若以雞蛋交換其他物品時，雞蛋在市場上的多寡就會影響那些物品的交易價格。

如果我們回到原始的以物易物交易形式，這個問題就更加清楚了。以小麥與豬隻交換為例，如果以豬隻來計價的小麥價格下

跌了,我們當然不能認為這僅僅是由小麥供需的變化所造成的,可能也與豬隻供應的增減有關。換言之,價格的變動反映的是雙方供需關係的變化,而非單一商品變化決定的。

同樣的道理也適用於小麥與白銀之間的交換。白銀有其自身的需求與供給,小麥亦然。

如果小麥是用黃金來交換,不論是以金塊、金幣、黃金券（gold certificates）[6],或其他可兌換黃金的貨幣來交易,情況亦完全相同。當黃金或其可兌貨幣的數量大量增加時,購買一蒲式耳小麥所需的黃金也會隨之增加;換句話說,貨幣流通量越多,價格水平就越高,反之則越低。

黃金的替代品包括紙幣和銀行存款,顯然,幾乎每一筆交易都涉及黃金或其替代品,我們絕不可忽略它們的供需情況。因此,貨幣的供給與需求必然會對每一筆交易的價格水平產生影響。

我們看到,小麥供應充足時,其價格會下跌;同理,當美元供應過多,美元本身的價值也會「變得便宜」,這就意味著整體價格水平將上升,買東西「更貴」了。

---

6 譯注:美國財政部在1863年金本位制期間發行的貨幣。

個別價格和總體價格變動

誠然，單一商品（如小麥）價格的變動，大多來自其自身的供需變化。例如，1926年棉花價格的下跌主要是因當年產量創下歷史新高，僅有一小部分可歸因於貨幣價值的上升，也就是總體物價水準的變化。小麥的價格波動有時高達50%，而同期整體物價的變動幅度可能僅為1%或2%。

這種情形就像在一場猛烈的風暴中，海平面本身可能絲毫未變，但表面上卻掀起千百個波濤，每個浪頭上下起伏數英尺，高低位差距離可達數英里。在這樣的暴風中，海水的真正高度主要受潮汐影響。在廣闊的經濟海洋中，價格上下波動就像波浪一樣，平均起伏幅度通常非常微小。因此，我們必須學會區分個別價格（波浪）的變動，它們由個別商品的供需決定；以及整體價格水準（潮汐）的變動，它們由貨幣的供需所驅動。

又或者，回到我們熟悉的「麵包和奶油」的例子。奶油在麵包上的平均厚度（即總體物價水準）與麵包某一處的厚度（個別價格）關聯甚微。即使奶油總量一定，某些位置仍可能塗得較厚或較薄；只不過，如果我們在某處塗薄了，那麼別處自然會變厚。

與其稱作「物價水準」，倒不如稱作「價格比例尺」（scale of prices）更為貼切。就像地圖或圖片，可依比例尺進行放大或縮小，而不改變其輪廓一樣。價格比例尺也可以膨脹或緊縮，而不擾動個別價格之間的相對關係。

這種「個別價格」與「價格比例尺」的區別，在德國惡性通膨時期表現得尤為明顯，當時人們以一種稱為「乘數」的工具來處理這種變動。旅館客人會將菜單上標示的價格進行換算：例如，晚餐標價為6馬克，房間標價為9馬克；但在結帳前，這些數字必須乘上一個代表物價水準的「乘數」。這個乘數每天波動，隨著馬克幣值下跌而上升，它與餐食或住宿的「實際價格」無關。乘數無論是十萬或一百萬，都不改變晚餐與房間價格的相對比例，只不過是將晚餐和房間的價格從60萬和90萬，分別變成了600萬和900萬罷了。「乘數」或「指數」讓商家不必頻繁地重新印價目表，實際支付的金額就是標價乘以乘數的結果。

這個原則普遍適用於美國和德國。每一筆支付的價格都是一個理想價格乘以一個指數的結果；也就是說，支付的價格一部分取決於商品的供需（影響該商品的價格），另一部分則取決於相對的通貨膨脹或緊縮（影響整體物價水準）。

通貨膨脹與通貨緊縮如何運作

即使有人已經相信，通貨膨脹和通貨緊縮確實解釋了價格浪潮的起落，但然難以理解它們「如何」運作。若他想像自己因向銀行貸款而獲得大量資金，或許能幫助他「看清」這個過程。他可以利用貸款資金，更有能力、更自由地消費。當他行使這個新的購買力時，容易傾向用較貴的價格取得商品。戰爭時期，如果有足夠多的人，或許是數百萬人，同時做著這樣的事情，物價自然就會上漲。

人們借錢的目的通常是為了消費。當他們從銀行借來資金，這筆錢會先被存入銀行帳戶中，但存放的時間通常只是為了準備開出支票而短暫保留而已。收到支票的人再將其存入銀行，再度開出新支票。如此循環往返，最初因借貸所創造的那筆存款便不斷流轉。每一次這筆錢被用來購買商品時，都會對該商品的價格形成抬升或支撐的作用。另一方面，當銀行不願放貸或其他任何原因而難以獲得資金時，人們的購買力下降，競標商品的能力隨之減弱，而商品價格便會下跌，因為買方缺乏足夠的貨幣來支付商品價格。

通貨膨脹或通貨緊縮背後的原因

通貨膨脹通常發生在政府財政陷入困境時，尤其是在戰爭期間，或戰後政府的財政能力受到嚴重削弱之時。戰爭向來是紙幣與信貸猛烈擴張的推手，因此也是歷史上物價變動最劇烈的根本原因。

紙幣與信用的膨脹也會間接地貶損黃金本身的價值。正如我們先前提到的，歐洲在世界大戰期間大量發行紙幣，引發黃金流入美國，這使得美國也出現了黃金通貨膨脹。

這場黃金通膨導致黃金相對於商品的購買力大幅下滑，其幅度遠遠超越以往任何原因造成的黃金貶值。如前所述，美國的一金美元（gold dollar，等同於一美元），其購買力在戰前1913年時為100美分，到了1920年，僅相當於戰前的40美分，這與南北戰爭期間綠背紙幣的貶值幅度不相上下。

但並非所有的通貨膨脹都發生於戰時，和平時期同樣可能出現相當程度的通膨。即使是黃金本身的通膨，也可能在無戰事的年代發生。這可能源自新金礦的大量發現，例如19世紀中葉的加州與澳洲，或世紀末的科羅拉多、阿拉斯加、加拿大與南非；也

可能源於冶金技術的進步,如氰化物提煉法等,大大提高了黃金的產量。

其中,信用膨脹更常在和平時期出現,其成因可能是銀行法規的變動,也可能是銀行慣例的演變。例如《聯邦儲備法》(Federal Reserve Act)[7]的通過,極大地改善了原本僵化的國家銀行體系,值得高度推崇,但此法即使在未發生戰爭的情況下,也可能容易引發通貨膨脹,原因在於它放寬了對黃金儲備的法定要求,美元的發行不再嚴格受限於黃金儲備,進而提高了信貸擴張的可能性。

至於通貨緊縮,其成因可能包括金礦枯竭、政府主動縮減流通中的貨幣數量,或銀行限制信貸的行為。

紙幣的通縮現象,最常見的原因是各國在戰後努力恢復黃金兌換制度。美國在1865年至1879年間,以及英國在1918年第一次世界大戰結束後,皆是如此。義大利亦於1926年啟動類似計畫,但隨後明智地放棄,未再繼續推進。

7　譯注:鑒於19世紀末與20世紀初美國屢次發生銀行擠兌與金融恐慌,1913年美國國會通過《聯邦儲備法》,旨在建立聯邦儲備系統(Federal Reserve System),作為全國性的中央銀行機構,以穩定金融體系、避免恐慌蔓延。

摘要

　　總而言之，貨幣標準主要受到三大因素的擾動：政府政策，尤其在戰爭時期，但不限於此；銀行政策，通常與政府政策息息相關，以及黃金產量的波動。

　　一般來說，戰爭往往會引發最嚴重的通貨膨脹，而最劇烈的通貨緊縮則常發生在戰後，尤其當政府試圖恢復戰前的金本位制度時。

　　在和平時期，如果決策者與民眾，對貨幣的本質與功能及通貨膨脹與通貨緊縮的影響，有清楚的理解，多數情況下，這些政策其實是可以調整的，進而預防極端的通縮或通膨。

　　本章的兩項主要結論如下：

　　1.總體物價水準的上升（即貨幣購買力的下降）是由相對通貨膨脹造成的，也就是貨幣流量超過商品流通量；反之，物價水準的下降（即貨幣購買力上升）則來自相對通貨緊縮，也就是商品流通量超過貨幣流通量。

　　2.實際上，與商品流量相比，貨幣流量的波動要劇烈得多。在幾乎所有重大的案例中，通貨膨脹與通貨緊縮不僅是「相對」

的現象，往往還會呈現「絕對」的變化。人均貨幣流量可能會顯著增加或減少，而人均商品流量則變化較為緩慢，通常不會有太大波動。

因此在討論時，通常可以省略「相對」與「絕對」這兩個形容詞，簡單地說：通貨膨脹時，美元通常貶值；通貨緊縮時，美元則升值。

第 4 章
通貨膨脹與通貨緊縮的直接傷害

貨幣比商品更易變動

　　如上一章所述,大眾想像低價位是因為供貨充足,而「生活費用高昂」則是因為物品稀少,供不應求,也就是說價格的下降或上升代表的是商品的豐足或匱乏。相反地,我們發現它其實更多代表的是貨幣的充足或短缺。通貨膨脹與通貨緊縮不僅是相對的,通常也是絕對的。

　　一旦認清這個重要事實,大眾對於物價上漲或下降的觀點就會完全改變。如果「高生活成本」是由於食物、衣服、住所或其他物品短缺造成,這意味著社會整體會漸漸步入貧困,每個人實際賺的錢變少了,但如果是通貨膨脹造成的「高生活成本」,這並不意味著,至少並不代表整體生活水平下降,或是商品的供貨

第 4 章　通貨膨脹與通貨緊縮的直接傷害

量減少。

舉例來說，如果一個人以前每年可賺2,000美元，現在賺4,000美元，而他要買的東西價格也正好漲了一倍，那麼他的情況不會比以前更糟，也不會比以前更好。他現在的1美元只能買到以前東西的一半；但由於他能賺到的錢是以前的兩倍，所以他的實際狀況並沒有改變。

在第一次世界大戰前後，高生活成本曾讓許多人感到憂心，但事實上，社會的平均貨幣收入也相對提高，因此並非像所有人想像的那樣，國家會步入貧窮化。此外，1920年發生的經濟蕭條也不像當時（或現在）普遍認為的那樣，代表的是商品生產過剩（供過於求）。

即使德國物價上漲了數十億倍的時候，德國人的貨幣收入也上漲了數十億倍，只是上漲的倍數不如物價。如果貨幣收入維持與戰前相同，即使物價只有上漲一百倍也難以忍受，只能說在這種狀況下，所有德國人都會餓死。但實際情形還不至於這麼糟糕。

「只是」改變記帳方式

但是，如果我們承認物價變動主要是因貨幣價值的變動，那

麼問題自然就來了：這又能說明什麼呢？貨幣作為一種衡量標準發生了變化，但是被測量的事物並沒有多大改變。如果價格翻倍只是因為錢多，而不是因為商品稀缺，那又有什麼壞處呢？我們用兩倍的錢來買東西，只是因為我們有兩倍的錢可以用。這難道不只是，或者說主要是記帳問題嗎？那麼，這怎麼會具有任何實質的重要性呢？

事實上，如果每個人的收入都能隨著價格的變化而調整，這並不重要。但事實並非如此，也不可能如此。即使我們的長度單位（例如碼）發生變化，這種變化雖然純粹是紀錄上的問題，也會擾亂所有以碼為單位的商業合約，例如布匹、地毯或電線的買賣，這會產生很大的影響。若發生在貨幣單位（美元）的變化，情況則要比上述情況要嚴重得多，原因有三：

1.實物的度量衡只會影響少數恰好以碼為單位的商品銷售。它對絲帶市場很重要，但對小麥、糖、棉花、煤炭、石油、木材或鋼鐵市場卻不重要。它的變化不會影響以蒲式耳、夸特、繩、磅、噸、英畝、加侖、千瓦或工作天數計量的商品的銷售。

另一方面，貨幣這個衡量標準，影響的是所有的買賣行為。舉例來說，每一筆交易，只要是以「碼」作為貨物單位，就會同

第 4 章　通貨膨脹與通貨緊縮的直接傷害

時以「美元」作為貨幣單位，如一碼賣多少美元。同樣地，所有以磅、蒲式耳、夸脫，或其他任何單位來衡量的商品，都必然會涉及到以美元來計價。美元的使用頻率，幾乎等同於所有其他單位的加總。

既然我們如此費心盡力地去標準化或定義各種商品單位，如碼、磅等，甚至設立官方的度量衡檢定機構，以防止商家在這些單位上做手腳、欺騙大眾，那麼，穩定所有買賣交易媒介的貨幣單位，就顯得更加至關重要了！

2. 貨幣這個衡量標準，也應用於長期的契約之中，也就是用今天的美元來換未來的美元。當然，也有以碼或其他單位計價的遠期合約，但這些合約數量不多，合約期間較短，因此重要性也較小。即使某些遠期合約是用其它單位計算，但通常也會涉及到貨幣，就像未來的小麥買賣一樣。我們幾乎不會用現在的布匹碼數去交換未來的布匹碼數，也不會用現在的煤炭噸數去交換未來的煤炭噸數。但是，我們經常在合約上簽訂，以現在的美元換取未來的美元。舉例來說，如果一個人跟你借錢並簽合約，約定在十年後還你一定數量的美元，那麼，到時候他還給你的美元價值是貶值還是升值，對他和你來說都產生巨大的影響。這也是為什

麼對債券持有人至關重要的原因。

第二項問題比第一種要嚴重得多。數量龐大的長期合約，延續數個月、數年、數代，甚至數個世紀，包含了數千億美元的支付承諾，例如票據、抵押貸款、債券、鐵路債券、政府債券、租賃契約、年金、養老金、保險單、儲蓄存款等等。

3. 實物上度量衡的改變很容易被發現，但由於貨幣幻覺，我們卻無法察覺美元的微妙變化，導致產生災難性的影響。由於大眾對於問題根源沒有概念，因此後果可能無法想像。如果我們能了解美元價值的變動方式，在某種程度上就能採取預防措施，就想我們能事先知道「月份」這個變動性單位所帶來的影響一樣，二月天數較少，三月天數較多，因此我們可以事先預做安排。

基於以上三種原因：貨幣在交易中的普遍性，在長期合約中的獨特應用，以及價值變動的不易察覺性，讓不穩定美元所造成的損害遠遠大於其它實物度量衡的變動。

債務人與債權人間的不公平

想想貨幣價值波動對貸款契約所造成的干擾。舉例來說，當發生通貨膨脹、物價上漲時，債權人會蒙受損失，而債務人則會

第 4 章　通貨膨脹與通貨緊縮的直接傷害

受益。

乍看之下，這似乎只是社會的財富轉移，橫豎都一樣。債務人獲得的利益正好等於債權人所失，因此有人可能會認為，無論是通貨膨脹或通貨緊縮，都不會對整體社會造成實質傷害，因為平均財富並未改變。

但這種論點，就如同有人主張：銀行金庫遭搶或家中失竊，社會也沒因此變窮。如果你是搶案的受害者，卻被告知：「你所失去的，竊賊都得到了，因此整體社會財富並未減損！」這不過是一種冷漠的安慰說法。

在某種程度上，這種「盜竊式」的貨幣貶值實際上是在詐騙人民，儘管這種欺騙並非針對特定對象。某些本該屬於合法所有者的資產被奪走了。問題不在於（至少主要不是）整體社會普遍變得更貧窮，而是社會正義受到侵害。與入室搶劫或個人詐騙不同，這種貨幣貶值並未違反任何法律上的字面規定，但卻違背了借貸合約的法律精神和本意。

歐洲範例

極端的例子往往最能指出問題。有個故事：一位波蘭布商決

定退休時，將他的一百套服裝以十萬波蘭馬克賣出，並把所得款項投資於一項利率6%的「安全」三年期抵押貸款。如此一來，他在三年間獲得了一萬八千波蘭馬克的利息，並於期滿後順利收回本金。

然而，這總共十一萬八千波蘭馬克，那時卻只能買到一套衣服！名義上他獲得了6%的利息，但實際上，本金與利息幾乎全數蒸發。

柏林一位著名教授靠著著作出版賺得一筆小小的財富。他把這筆錢投資在所謂「安全」的債券上，期望能靠債券利息過活。等到通貨膨脹結束時，他發現自己辛勞一生累積的財富，竟然連一張郵票都買不起！債券並未違約，但他還是破產了。並非因為償付承諾落空，也不是因為商品稀缺而價格飛漲，更不是因為判斷失誤，而是因為通貨膨脹使德國馬克的購買力貶值到幾乎一文不值。

在布達佩斯市，有一位仁慈的婦人為受到通貨膨脹所苦的人設立了一間簡樸文雅的救濟院。我的一位朋友去探訪那間救濟院時，被帶到一間狹小的臥室，裡面只有一張供兩個人睡的小鐵床、一個乾貨箱作為洗臉台，上面放著一個馬口鐵洗臉盆。他被

第4章　通貨膨脹與通貨緊縮的直接傷害

告知,那裡住著兩位最高法院的法官,他們把積蓄投資在債券和其他「安全」的證券上。他們曾經收入豐厚,但貨幣貶值使他們的購買力蕩然無存,成了被施捨的對象。

出席道斯計劃委員會的德國證人之一是一位工人,據他所說,他代表了一千五百萬德國勞工。當被問到勞工最需要什麼時,他回答:「更穩定的貨幣。」他解釋說,「工人們無法未雨綢繆,沒有能力存錢,對於孩子出生時的醫療費用,或是為老人家準備喪葬後事,工人們都無能為力。」馬克的購買力常常一夜之間大幅縮水。丈夫領薪水時,妻子會趕緊把錢搶走,並衝去雜貨店花掉,以免物價飆升得更快。

因為通貨膨脹,數百萬歐洲儲蓄銀行的存款人,畢生積蓄化為烏有。由於「貨幣幻覺」,極少人能在通貨膨脹初期意識到風險並及時提領資金,即使提領出來,也幾乎沒人知道該如何聰明地再投資,並從價格波動中獲利。

在許多歐洲國家,第一次世界大戰期間與戰後的通貨膨脹,真真切切地摧毀了無數投資於債券的中產階級。這些債權人因德國馬克、波蘭馬克、俄羅斯盧布與奧地利克朗的貶值,幾乎損失全部本金。如今他們被稱作「歐洲的新貧階級」,包括教師、律

師、法官、神職人員、醫師、職員、小額債券持有者、儲蓄銀行存款人與人壽保險受益人等。原本可望安享晚年，如今卻淪為靠日薪維生的臨時工，只為了過上勉強糊口的日子，他們什麼都願意做。

在奧地利，另一位經濟學家詹姆斯・哈維・羅傑斯教授（James Harvey Rogers）發現了一個耐人尋味的案例。和許多機構一樣，當地一家銀行旗下擁有數家造紙廠。為了避免被指責為「暴利商家」，這些工廠採取了一套呆板成本加成的定價制度：工廠用奧地利克朗購買原料，例如木漿，然後在每項成本上加上一個固定比例的費用——這項加一成，那項加一成五，層層堆疊出一套「成本結構」，據此計算出成品的「合理售價」。帳面上看來，這些工廠都有盈利。

有一天，其中一家造紙廠失火，經理被迫出售庫存中尚未加工的木漿。從他原先進貨、將木漿以成本價入帳，到工廠失火出售這批木漿之間，奧地利克朗已大幅貶值，木漿價格連同其他一切物價大幅上漲。結果一算帳，發現這家被燒毀的工廠竟然帳面上賺的比那些仍在正常運作的工廠還多！

但事實是，所有工廠其實都在虧損，只是未加工的木漿損失

相對較小，已製成紙張的產品則損失較大。他們的錯誤在於未將帳面數字轉換為實際購買力，而是照舊以克朗作為計算單位，好像它依舊是固定穩定的，實際上卻早已劇烈動盪、持續貶值。

然而奇妙的是，在通貨膨脹持續期間，民眾卻往往難以接受「貨幣太多」這個事實。不論貨幣流通有多充足，人們總是覺得手邊的錢不夠花。

一旦通貨膨脹快速席捲而來，要求更多貨幣的呼聲只會越演越烈。

貨幣幻覺最驚人的例證莫過於1923年的德國。該年8月7日，德意志帝國銀行（Reichsbank，德國中央銀行，成立於1876年）總裁在國會斬釘截鐵地指出：「目前紙幣發行量已達六百三十萬億；數日內，我們將能在一天之內發行相當於目前總流通量三分之二的紙幣。」令人不解的是，這樣發言卻被人民理所當然地接受了。當時的通膨如狂風巨浪，卻無人在意它終將如何收場。

這種掉以輕心的樂觀心態，讓人聯想到耶魯大學幽默名士威廉・里昂・菲爾普斯（William Lyon Phelps）對樂觀主義的定義：一個人從十九樓墜下，在尚未摔落地面前自語：「到目前為止還不錯嘛（so far so good）。」

當然，也有少數人在通貨膨脹期間藉由舉債而致富，他們的債務實際上被通貨膨脹一筆勾銷。德國著名的戰時百萬富翁胡戈・斯廷內斯（Hugo Stinnes）[1]就是一個實證。然而，那些從通貨膨脹中得利的人或家族，有時也會在通貨緊縮時被反噬，最終破產。諷刺的是，斯廷內斯的繼承人就是這種的例子。

美國範例

相較於歐洲，美國雖僅經歷相對溫和的通貨膨脹，卻仍未能倖免其害。一名工人於1896年將100美元存入儲蓄銀行，按年利率4.5%計算，至1920年，本利共計約300美元。表面上看，他不僅保住了本金，還賺得200美元利息，彷彿是對其節儉美德的合理獎賞。然而，這只是一種虛幻的收益，如同第一章提到的德國婦人售出襯衫時所得的「利潤」，或是剛才提及的奧地利造紙廠的「盈利」一樣，以波動的美元來記帳會掩蓋實質損失，並營造出一種虛假的利潤表象。

1　譯注：斯廷內斯自1893年起從事採礦業，第一次世界大戰後成為德國著名的工業大亨。

第 4 章　通貨膨脹與通貨緊縮的直接傷害

　　當這位美國儲戶在 1920 年動用那 300 美元時，發現物價已幾乎是 1896 年的四倍，實際購買力僅相當於 1896 年 80 美元。若他當初將這筆錢用來購買家具、珠寶或其他實物資產並持有至今，除了可提早享受使用，這些資產的價值也已大幅上漲，反而比儲蓄更為划算。結果，選擇儲蓄的他不僅無法獲得利息，還眼睜睜看著本金貶值，節儉帶來的，不是回報，而是懲罰。

　　這一切可以通過數字清楚呈現：他在 1896 年存入 100 美元，到了 1920 年，每 1 美元的購買力僅相當於 1896 年的 26 又 2/3 美分。換句話說，三百美元的實際購買力只相當於 1896 年的 80 美元。他表面上領到的是原始金額三倍的資產，實際上，由於購買力縮水，這相當於損失了 20 美元的本金。

　　這位儲戶的節儉與遠見不僅未獲回報，反而因為變幻莫測的「鬼火美元」遭受嚴重損失。所謂的「利息」，實際上早已被貨幣貶值消耗殆盡。若讀者對「魔幻美元」竟能讓利息憑空消失感到驚訝或難以置信，那正是因為「貨幣幻覺」至今仍蒙蔽了眾人的雙眼。

　　圖四（見下頁）以圖表形式清楚呈現這位儲戶的「表面收益」（以 1920 年美元計）與「實際損失」（以 1896 年美元計）之間的

圖四　利息幻覺

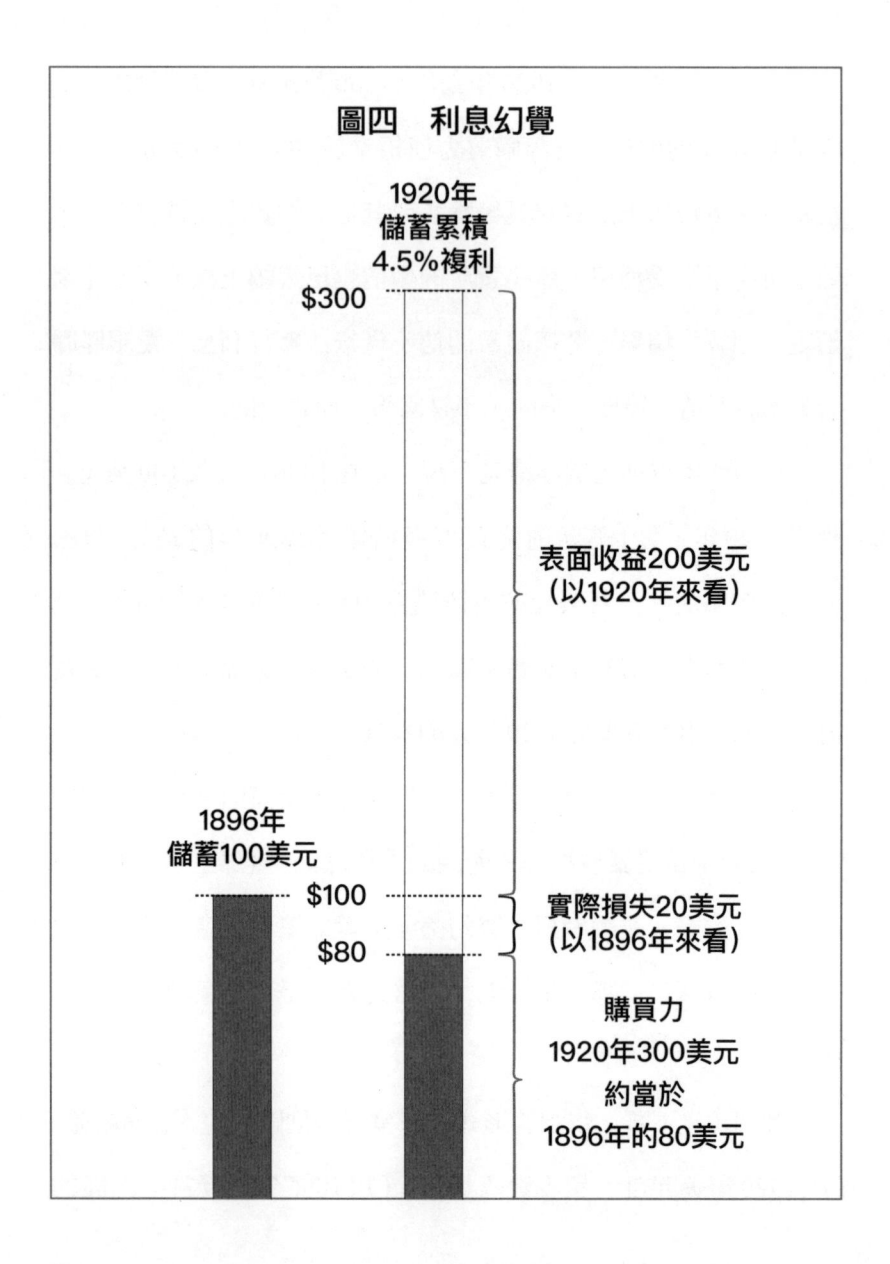

1920年儲蓄累積 4.5%複利
$300

1896年儲蓄100美元
$100
$80

表面收益200美元（以1920年來看）

實際損失20美元（以1896年來看）

購買力1920年300美元約當於1896年的80美元

第 4 章　通貨膨脹與通貨緊縮的直接傷害

差距。從購買力的角度看，1896年的損失20美元，相當於1920年的損失75美元。

在1896年之前，海蒂・格林（Hetty Green，1834-1916）[2]和羅素・賽奇（Russell Sage，1816-1906）[3]通過提供低利貸款積累了巨額財富。若他們在1896至1920年間繼續這樣操作，不僅無法獲利，還可能因為虧損而得不償失，1920後，他們甚至可能不如起初富有。

假設賽奇在1896年擁有一百萬美元資本，並以年利率4.5%投資、按年複利滾存，那麼到了1920年，他的處境將與前述儲戶如出一轍，只是規模更為龐大。以1920年的美元計算，他的資產看似已增至三百萬美元，實際購買力卻僅相當於1896年的八十萬美元。在那段時期，不論貧富，節儉與儲蓄不僅未獲獎賞，反而遭到懲罰。

---

[2]　海蒂・格林是美國著名的商人與金融投資家，憑藉其在華爾街的成功投資積累了巨額財富。在男性主導的金融圈中脫穎而出，被譽為「美國最富有的女人」，亦有「華爾街女巫」（Witch of Wall Street）之稱。
[3]　羅素・賽奇是美國金融家與鐵路鉅子，以其在華爾街的精明放貸與投資而聞名，累積可觀財富。

美國債券與抵押貸款

在1896到1920年間購買或到期的黃金債券，結果證明不折不扣是場「假金磚」（Gold Brick）[4]的騙局。然而，受貨幣幻覺所惑，即便直到今日，仍鮮少有人真正看清這一點。耶魯大學在這段「無利息時期」中蒙受了巨額虧損。正如校長詹姆士・羅藍・安吉爾（James Rowland Angell）所指出，耶魯近日被迫籌措額外兩千萬美元的捐款，主要原因便在於美元購買力的嚴重衰退；其中約七百萬美元，用來補償1914年所持債券、抵押貸款與票據的實際收益損失。其他如大學、基金會、醫院與教會等受捐機構，也無不面臨類似命運。

一位管理三千萬美元遺產的商人，素以穩健投資自豪，經常誇口自己多年來，他所管理的資產「從未損失過一分錢」。然而，一位剛入行的「投資顧問」一語道破：事實恰恰相反，正因為他僅將資金投入債券與抵押貸款，在他管理的期間內，隨著美元價值大幅貶值，整筆資產的實質價值早已蒸發了三分之二。

---

4 譯注：諺語，比喻看似有價值實則無用的東西。

然而，當這位謹慎的經理為了所謂的「安全」投資斤斤計較、爭取微薄的利息時，卻忽略了本金實質上的貶值。美國銀行（Bank of America）第一副總裁約翰・E・羅文斯基（John E. Rovensky）一針見血地指出其荒謬：「銀行家為了決定一張20年期債券該開出4.75%還是4.78%的利率，可以爭論好幾天；但對於這張債券的本金究竟能否按80%、100%或120%的價值償還，卻毫無概念，簡直是場笑話！我們花盡心力去預測未來十年利率將升高或降低一兩個百分點，卻對本金可能升或貶十到二十個百分點的風險置若罔聞。」他補充說：「幸而，國內的企業家與銀行家如今正逐漸警覺此問題，並願意支持對貨幣貶值之危害及其補救之道展開深入研究。」

實際利息和貨幣利息

就如貨幣幻覺模糊了「貨幣工資」與「實質工資」之間的差異，它同樣隱藏了「貨幣利息」與「實際利息」（依貨幣購買力計算）的區別。除非價格水平保持穩定，否則名目上的貨幣利率與實際利率並不相等。如果物價每年上升1%，貨幣利率為5%的話，其實際利率實為4%；相反地，若物價每年下跌1%，貨幣利

率5%等同於實際利率6%。

正如我們所見,在1896年至1920年期間,實際利率幾乎蕩然無存,甚至淪為負利率。但到了1921年通貨緊縮時期,實際利率卻飆升至60%。簡而言之,這就是為什麼某位著名的美國億萬富翁,為了償還債務的高額利息,最後幾乎失去了他高達全部1.5億美元財富的緣由。

美國農民

在這段時期,美國農民同樣備受打擊,狡詐的美元徹底顛覆了他們的處境,眾所周知,他們至今尚未脫離這個泥沼。在通貨膨脹和物價迅速上漲的階段,農民受到高利潤的誘惑,並在愛國主義的召喚下,紛紛投入小麥、玉米、豬隻與牛肉的生產,希望「以農業贏得戰爭」,進而大幅擴大農作物的種植面積和產量,遠遠超出了和平時期的常態。此外,許多農民受到當時短期通膨利潤的誘因,高估了土地的收益,因而用膨脹後的高價購入土地。這種對生產的過度刺激已屬不當,對土地價值的過度投機更是糟糕。儘管如此,若當時的物價水平能夠維持在1920年的高點,這個災難本可獲得控制並順利渡過,也不至於造成損失慘重的後果。

第4章　通貨膨脹與通貨緊縮的直接傷害

但通貨緊縮很快接踵而來。樂觀預期小麥利潤而擴大耕作的農民，原本以為小麥可以每蒲式耳2.5美元賣出，如今發現即使以每蒲式耳1美元的價格也難以脫手，即便全球半數人口面臨缺糧，甚至可能十分之一的人口正處於饑荒之中。當初因愛國熱情或利潤驅使而高價購入農地的農民，如今再也無力兌現他們的票據、償還債務，他們損失的不僅是魯莽地以「保證金融資」（on margin，利用槓桿放大本金的一種投機方式）購買的土地，也賠上所有用於農地施作的心血投資。

但這僅僅是故事的開端。上千家銀行被迫無奈接管了數以萬計的農場，這並非銀行的本意，而是因為農民所能抵押的資產只有農場而已。隨後，數百家銀行相繼倒閉，而銀行的倒閉又惡性循環引發了製造業和企業的破產。

受託管理人的「安全」投資

孤兒寡母往往是「安全」投資的最大受害者。1892年，一位女士在她父親過世後，繼承了五萬美元的遺產，那時正值美元價值最高的時期。這筆錢被交付信託，投資於所謂「安全」的債券。1920年，美元價值跌至谷底，我陪同這位女士去拜訪了信託

人。信託人開始詳細解釋他如何小心翼翼地管理這筆遺產。

他告知這位女士,除了兩千美元的損失外,她的本金都安然無恙。他又仔細說明,這兩千美元的損失並非他的過失,而是她父親過去在一些鐵路債券上進行了不明智的投資所致。

信託人察覺到我不認同的表情,便詢問緣由。我回答說:「您說五萬美元只損失了兩千美元,也就是百分之四;但實際上,損失了大約百分之七十五。」

他不解地問:「你這是什麼意思?你可以查閱我的帳簿。」

我當然不是懷疑他的誠信。我解釋,當初這位女士交付給他的五萬美元,若以1920年的購買力計算,大約相當於十九萬美元。我接著說:「您現在並沒有十九萬美元,剛才您說只剩下四萬八千。這等於損失了將近百分之七十五。您這些年每年支付給這位女士兩千五百到三千美元,她一直靠這筆錢生活。您和她都稱之為收入,也以為那是利息,但事實上,她只是一直在耗損自己的本金。若要維持她本金的購買力,您本該每年從利息收入中撥出一部分,作為抵銷本金貶值的「償債基金」[5]。

---

5 譯注:償債基金(Sinking Fund)係指當債券到期時,發行人需償還本金。由於本金

第 4 章　通貨膨脹與通貨緊縮的直接傷害

然而，她的投資收益並不足以支應這個基金。即便您將支付給她的所有款項都再投資，也依然無法累積到十九萬美元。更重要的是，那每年支付給她的兩千五百或三千美元，現在的價值只剩下最初的四分之一。正如這位女士的收入與本金的價值，如今也只剩下當初信託成立時的四分之一。只要美元不穩定，每一位債券持有人的『穩定』收入，都是一種錯覺與陷阱。您的帳簿看似沒錯，但其實是錯的，因為您用的是錯誤的計價單位。這個單位愚弄了您和這位女士，甚至混淆了利息與本金的界線。今天的五萬美元，與1892年的五萬美元，在名目上相同，但實質價值早相去甚遠，就如同今日的五萬馬克與1892年的五萬馬克一樣，只是表面的單位數字上雷同，實際的貨幣價值已天差地遠。」

信託人最終承認了我的觀點，但仍堅稱：「這不是我的錯。」

「這並非您個人的過失，」我說，「但是你們這些負責管理孤兒寡母財產的人，有社會責任去關注這些重大的問題。這些問題表面上看起來與人人相關，但正因如此，實際上卻往往沒有人真正去關心。」

數額龐大，通常會分年提撥，預先準備償債資金，以減輕到期時的資金壓力。

「但是，」他反駁道，「不是每個人都會因為高昂的生活費而蒙受損失嗎？」

「不，」我說，「這位女士失去的，轉手到其他人手上了。她的損失成了他人的利益來源。這並非那贏家們的錯，就如同這不是您的錯一樣；真正的錯，是在於不穩定的美元。以波動的貨幣作為價值衡量的標準是不對的，而我們所有人都沒有對此撥亂反正，因此都應該為此負責。」

他問：「誰贏走了她失去的東西？」

我回答說：「她是債權人、債券持有人。債務人，也就是股票持有人，贏走了她的財富。」

「誰拿走錢了？」

這種如樂透般的財富轉移在股東與債券持有人之間發生。我們以一家公司為例，來說明這種現象的運作方式。假設在1913年戰爭爆發前，該公司發行了1億美元的債券與1億美元的股票，兩者的殖利率都是5%，即各為500萬美元。因此，在戰前，公司分別向債券持有人與股東支付了總計1000萬美元的利息。為了方便起見，我們暫且將這筆支出稱為「利潤」。

第 4 章　通貨膨脹與通貨緊縮的直接傷害

現在，讓我們看看，如果美元的購買力減半，也就是說物價水平翻倍（這在1913年至1919年間確實發生了），會出現什麼情況？假設戰後這家公司的實際業務量與戰前相同，但所有商品的價格都翻了一倍，那麼它的利潤，以美元計算的話，也會隨之翻倍。因為如果支出與收入都加倍，兩者之間的差額自然也會加倍。如此一來，利潤將從原本的1000萬美元增至2000萬美元。雖然表面上這筆2000萬美元的利潤是原本的一倍，但其實際購買力仍舊一樣相當。

然而，這2000萬美元的利潤將不再如從前的1000萬美元般，在債券持有人與股東之間平均分配。這是為什麼呢？因為債券持有人受合約所限，只能獲得原定的5%利息。因此，他們在這2000萬美元中仍僅獲得500萬美元，雖說名義上相同，但實質購買力卻只有原來的一半。剩下的1500萬美元，則將全數分配給股東。名目上看來，股東獲得的是戰前的3倍利潤；但若考慮美元已貶值一半，他們實際獲得的價值是戰前的1.5倍。

由此可見，股票持有人相較戰前獲得了更多的實際價值，而債券持有人則相對減少了。恕我直言，通貨膨脹就這樣極其殘酷地，藉由美元價值變動的戲法，無差別的從債券持有人的口袋中

079

掏走了財富，再偷偷地塞進放進股票持有人的口袋裡。

如果風向反轉，結果就完全相反。假設出現通貨緊縮，物價水平減半，公司的支出與收入也隨之減半，那麼利潤自然也減半。此時，公司可分配的利潤不再是1,000萬美元，而是500萬美元。（當然，在較低的物價水平下，這500萬美元的實際價值與之前的1,000萬美元是相同的。）但是，這500萬美元不會在股東和債券持有人之間平均分配，因為根據合約，債券持有人有權享有5%的利息，他們會拿走全部的500萬美元，而股東則一無所獲。公司眼下已瀕臨破產，若情勢再惡化一步，將不得不進入接管程序。表面看來，責任似乎落在管理階層，但真正造成傷害的兇手，卻是那個如強盜般的「貶值美元」。

股票持有人就像我們先前提到的農民，他將農場抵押出去；而他的債權人就像債券持有人。在1919年的通貨膨脹中，農民獲利，而債權人受損；而到了1921年的通貨緊縮，情勢則正好相反，債權人因而得利，農民卻蒙受損失。

戰爭債務

政府在這場巨大的博弈中，同樣有輸有贏。通膨和通縮對

第4章　通貨膨脹與通貨緊縮的直接傷害

巨額戰爭債務的影響，頗令人玩味。在國際聯盟（League of Nations）發布的1922-1926年《公共財政備忘錄》(*Memorandum on Public Finance*) 中，世界各國的公共債務都被重新計算，換算成戰前的購買力。我們發現，義大利在1914年的債務為160億里拉，但在1925年，以戰前購買力計算，僅相當於130億里拉，換言之，儘管龐大的戰爭支出大幅推高了里拉計價的債務總額，但由於里拉貶值，實際債務負擔反而減輕了。義大利政府作為債務人，因通貨膨脹而獲利的部分，正是其債權人也就是義大利公民及外國人，所承受的損失。

德國馬克的貶值更是徹底抹除了德國的國內債務。不過，在紙馬克停止流通後，德國展現了某種風度，決定「重估」其國內債務；亦即，德國承諾償還其中一部分，因此目前尚有相當於17.5億黃金馬克的債務仍未清償。然而，德國民眾與企業可就沒那麼慷慨了。有傳言指出，一家大型輪船公司僅以相當於1100美元的價值，就清償了原本鉅額、高達數百萬美元的債券債務。

在戰爭中，國內戰爭債務未因通貨膨脹而遭大量沖銷的國家，似乎僅有美國、英國，以及大英帝國的自治領地。戰爭使加拿大的實質債務負擔增加了4.5倍以上；英國則為6.5倍；美國為

11倍；而澳大利亞則暴增至14倍。

然而，我們不能因此推斷通貨膨脹減輕了人民的戰爭成本。納稅人雖可能因貨幣貶值而有所獲益，但同時身為放款人與儲蓄者的他們，卻又在存款端被奪走了好處。公共債務的負擔並未真正減輕，只是從納稅人的肩膀上轉嫁給了投資人。

相較於公共債務方面的不公，私人債務的變動帶來的傷害更為深重，大量私人放款人被迫接受貶值貨幣作為償還款項，毫無討價還價的餘地。

保險合約的性質如同債券，都是在未來某一時間點支付固定金額的協議，卻未保障該金額的實際購買力。歐洲的通貨膨脹詐騙了許多寡婦，讓她們失去了其亡夫辛苦繳納保費換來的保險金。即使在美國，若一位寡婦在1920年丈夫過世後領到了一萬美元的保險金（該保險合約簽訂於1896年），其實際收到的價值，也僅為原本合約規定的四分之一。

薪資

薪水和工資合約也如同債券一般。儘管合約期限較短且可能調薪，但通常無法即時或完全依照物價變動進行調整。當物價上

漲時，薪資就像在追逐一輛已經駛離的火車，總是慢了一步。西部一所大學的院長寫信告訴我，他在1914年開始工作時的薪水為2800美元。經過十一年，到了1925年，他自然會期望薪資有顯著增長。然而，事實是，他的薪水當時是5000美元。儘管表面上看，這5000美元幾乎是他1914年薪水的兩倍，但如果將其換算成1914年的美元價值，我們發現其實價值約為3000美元，僅比最初的2800美元高一點。

社會不公平的影響程度

透過通貨膨脹將財富價值從債權人悄然轉移至債務人，反之，透過通貨緊縮將財富從債務人悄然轉移至債權人，這種難以察覺、非人為造成的價值轉移規模極其龐大。美國國家經濟研究局（National Bureau of Economic Research）教授，同時也是頂尖的統計學家威爾福德・金（Willford I. King）估計，即使在貨幣不穩定問題較輕微的美國，在短短六年（1914-1920年）間，透過貨幣隱蔽的邪惡波動，將某些人的財富搬給了其他人，這項牟利行為竟高達六百億美元。儘管這種「掠奪」違背了美國憲法和國家法院所確立的基本權利原則，但在法律上卻是被允許的，這

些財產都是在未經正當法律程序的情況下被奪走的。

假設發生了一起6000萬美元的銀行搶劫案,所有報紙的頭版必定會大肆報導。然而,通貨膨脹所造成的600億美元「偷天搶案」,竟是前者的1000倍之多,且手法極為隱蔽,無論當時還是現在,大多數人都沒有察覺到。如果不是因為「貨幣幻覺」作祟,這些巨額財富的如何是被丟失的,還有其背後的原因,早就被公諸於世。若財產被劫的受害人能夠看清真相,必定會提起訴訟、要求賠償損失,並糾正惡意惹事的美元,否則,社會發生抗議、動亂,恐怕在所難免。

金礦賭博

就目前情況來看,在金本位制的國家裡,每一份合約都形同押注未來金元的價值走勢。若新金礦被發現、冶金技術取得突破,或出現能減少黃金儲備的新型銀行制度,黃金的價值便可能因此下跌;相反的,當黃金產量減少時,價值則會上升。因此,任何以金元計價的合約,其實都是一場無聲的賭局,不自覺地押注這兩種情況何者會發生。

正如我們所見,在擁有「穩定美元」之前,根本不存在所謂

第 4 章　通貨膨脹與通貨緊縮的直接傷害

「安全的債券」或其他形式的支付承諾。如果有一紙合約，承諾在50年後支付1000「美元」的契約，究竟意味著什麼？它只不過是承諾在未來支付一千個「X」，而X卻是一個無法確定其價值的未知數。我們煞費苦心地透過擔保、抵押或留置權，以確保這筆款項得以支付，然而，我們卻對「X」本身是什麼毫不在意，僅僅因為我們粗心地理所當然地認為它會一成不變。

我們自以為這筆貸款是「低風險」（Secure）的，並高談闊論「有價證券」（Security），卻渾然不知這些詞彙只有「聽起來」安全，實際上是多麼可笑。[6]

因此，我們對當前美元最嚴重的控訴，在於其價值充滿不確定性。只要它仍被當作衡量價值的標準，每一份合約註定像是一張樂透彩券，而每一位簽約者都被迫成為黃金賭局裡的參與者，且往往渾然不知自己身陷其中。

有些人只投資信用最高評等的「金邊債券」[7]，卻對真正投資

6　譯注：在英文中，Secure 與 Security 皆有安全之意。
7　譯注：金邊債券（Gilt-edged Gold Bonds）原指英國國債。1693年英國政府經議會批准開始發行政府公債，因其信用卓著，且當時債券紙張鑲有金色邊框，因而得名。後來此一用語泛指一切由中央政府發行、信用評等最高的債券。

金礦企業感到畏懼，他們用身家財產押注在取決於金礦產出價值的債券上。他們可能是世上最膽大的賭徒，在過去幾十年間，他們在這場黃金賭局裡輸掉的財富，遠遠超過所有名義上的賭徒總和，但他們卻渾然不覺。如今，金本位國家中價值數千億美元的債券正岌岌可危，而其持有人已深陷糖衣毒藥中，不僅無知，還沾沾自喜。

金本位制度下，由於美元價值與黃金價格掛鉤，因此商人除了要承擔自身事業的風險外，無形中捲入了這場黃金的賭局。任何的不確定性都將打擊商業活動，致使企業裹足不前，其中美元購買力的不確定性，是最糟糕的一環，因為貨幣作為交易媒介，一旦其價值動搖，所有商業交易勢必都會受到牽連。

當然，責備那些中了樂透的幸運兒並無助益。大眾曾經錯誤地把物價下跌歸咎於債券持有人的惡意行為[8]，如今又犯下類似的錯誤，把物價上漲全數推給道德敗壞暴利奸商。然而，錯根本不在他們。儘管在某種程度上，他們的確贏走了鄰居的賭注，甚至

---

8 譯注：通貨緊縮物價下跌，債務人收入資產縮減，但債務卻不變，債務人會認為都是債權人從中操控物價的關係。

第 4 章　通貨膨脹與通貨緊縮的直接傷害

可以說是從鄰居口袋裡「撈」走了財富,但他們並無詐欺之意。事實上,他們就和社會上大多數人一樣,是渾然不覺的賭徒,只是剛好參與了這場遊戲,並且贏了賭注。我們應該做的是終結這場制度性的賭局,而不是責怪那些從中拿走錢的贏家。

　　一個高度文明社會的明顯特徵之一,就是致力減少風險,降低人類生命財產所面臨的各種危機。因此,我們設計了各式各樣的保險制度,推動「安全第一」的宣導運動,並致力於制定與維護各種標準化的度量衡,唯獨在最重要的標準貨幣單位上,竟然疏於管理。若以安全性作為衡量標準,我們現今這種搖搖欲墜的美元制度,簡直像是野蠻時代遺留下來的產物。

第 5 章

通貨膨脹與通貨緊縮的間接損害

不穩定的貨幣 —— 動盪的商業

我們已見,不穩定的美元擾亂了各種合約和金融安排,從而造成嚴重的社會不公,它不動聲色地、大規模地掏空了整體社會口袋。

然而,這種「掏空口袋」的行為只是最初的效應,隨之而來的還有其他影響。首先,不穩定的貨幣起碼揭示了商業波動,也就是所謂「商業週期」的部分奧秘,經濟繁榮、衰退、清算和復甦長期以來一直困擾著商界。儘管人們提出了一些似是而非的解釋,但它們就像第一章中那位德國女店主對「高生活成本」及其對襯衫價格影響的說法一樣,不完整且說服力薄弱。不穩定的貨幣總是隱藏在幕後,它的伎倆就像魔術師的障眼法,把大眾耍

得團團轉。在「貨幣幻覺」的作用下，我們無從察覺究竟是什麼導致經濟繁榮與恐慌，唯有透過經濟和統計的分析，我們方能明白，商業波動很大程度上是由美元購買力的變化所引起的。

獲利者是產業的領航者，其決策直接主導商品生產率。因此，當物價上漲、利潤增加時，產業便隨之擴張，商業一片欣欣向榮；但當利潤減少時，產業就會收縮，商業也隨即轉為蕭條。

因此，逐利者的行為主要受利潤趨使，卻也常因「貨幣幻覺」而誤判情勢。例如，在通貨膨脹期間，原料與其他成本表面看來較低，但那其實是假象。投入成本時的一美元，其購買力往往高於商品售出時的一美元，因此，帳面上看似相同的金額，實際上並非同一價值。製造商因此受騙，就如同那位德國女店主或奧地利的造紙業者，以為自己大賺了一把，但實際上卻是虧損的。許多工廠業主正是被這種表面亮眼的帳面利潤所誘惑，大舉擴張產能並舉債經營，結果風向一轉，才發現自己已被過度擴張所吞沒。

這正是另一個例證，顯示不斷變動的美元如何造成混亂，並進一步扭曲了企業的帳目。整體而言，在通貨膨脹期間，不穩定的美元會使商業過度擴張，而在通貨緊縮期間則使其過度收縮。因此，商業如同搖擺不定的美元，蹣跚而行。

圖五　物價水準與交易量的變化

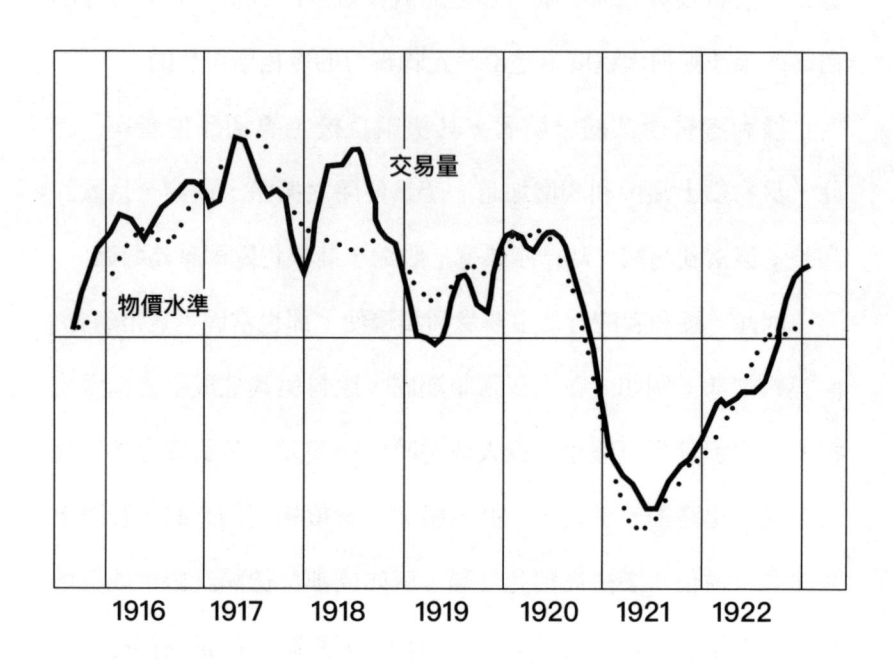

(交易量／物價水準　1916–1922)

*若想知道「物價水準變化」更詳細的說明，
請見Jour. Amer Statist. Assoc. June，1925，第181–189頁。

我曾進行一項統計研究，顯示幾乎每一次美元購買力的下跌，隨後皆伴隨著貿易量的上升；而每當美元升值，貿易量便呈現下降之勢。破產與失業的統計數據亦與美元變化呈現相同關聯。圖五所示，即為物價水準變化與貿易量之間的對應關係。

不穩定的貨幣 —— 不安穩的就業

失業問題向來令人困惑。儘管鮮有其他經濟議題像它那樣受到如此廣泛的關注，也幾乎沒有哪個問題比它更關乎人類福祉。自1920年成立以來，日內瓦的國際勞工局（International Labour Office）便對「就業不穩」與「貨幣不穩」之間的關聯進行了深入研究。該局失業服務處處長亨利・富斯（M. Henri Fuss）指出，在1919年至1925年間，共有22個國家發生了通貨緊縮，隨之而來的便是這些國家的貿易衰退和失業率上升（僅有三個微不足道的例外）。

在美國和英國，1920年至1921年的通貨緊縮導致數百萬人失業。失業成了革命動亂的溫床。1925年至1926年，英國為了

使英鎊重返金本位制[1]，採取了通貨緊縮政策，力求恢復戰前的兌換比率：1英鎊兌4.86美元，此舉嚴重高估了英鎊的價值。其結果是失業率攀升、勞工不滿日益加劇，最終引發英國歷史上最大規模的全國性罷工。英國內政大臣（The British Home Secretary）估計，此次罷工所造成的經濟損失高達二十億美元，甚至超越了南非戰爭的總損失。當然，造成損失的原因有很多，但通貨緊縮顯然是一個主要因素，只是由於「貨幣幻覺」讓這個因素更難被察覺。[2]

這第二次英國的通貨緊縮趨勢，也連帶壓低了美國的物價水準。而造成今日美國的事業問題也正是這樣的通貨緊縮。

與英國的策略不同，波蘭在應對戰後通貨膨脹時採取了不同的路線。英國試圖通過通貨緊縮，將英鎊恢復至金本位，但這一做法卻帶來了失業和社會問題。波蘭同樣面臨戰後通脹，這嚴重擾亂了匯率、工資和稅收。自1924年6月起，波蘭在兩年間經歷

1　譯注：1925年，英國為了恢復其國際金融地位，通過了《金本位法案》（Gold Standard Act）。
2　譯注：英國錯估形勢，其實際購買力與經濟條件早已不復戰前榮光，所造成的傷害也格外深遠。

了劇烈的通脹，物價水平較當時以金本位為基準的全球經濟體系上漲了超過50%，物價被推高到新的水平。甘末爾委員會（The Kemmerer Commission）[3]認為，將波蘭的貨幣「茲羅提」（Zloty）重新與黃金法郎（Gold Franc，當時國際通用的貨幣基準之一）對接，是「既不明智也無法實現」的做法。他們建議，將茲羅提穩定在當時的價值，這樣波蘭便成功避免了英國實行通貨緊縮後所出現的失業和經濟蕭條。

勞工的利益

勞工的利益，尤其有賴於貨幣單位的穩定。勞動者不僅是通貨緊縮導致失業的受害者，也因通貨膨脹造成生活開支節節上升，而深受其苦。其他群體或許有機會從物價的上漲或下跌中獲得一時的利益；但勞動階層無論在經濟條件還是其他方面皆處於弱勢地位，面對這種局勢，他們往往是社會上最無助的一員。

---

3 譯注：甘末爾委員會是由美國經濟學家愛德恩・華特・甘末爾（Edwin Walter Kemmerer）領導的金融專家委員會，戰後各國經濟情勢嚴峻，因此該委員會常受邀至各國，提供專業的金融見解。甘末爾教授曾擔任多國的經濟顧問，著有《甘末爾貨幣論》（*Kemmerer on Money*）。

的確，當物價上漲時，勞動者通常較容易找到並保住工作，但他們發現，要賺取足以維生的工資卻比以往更加困難。勞工的貨幣工資增幅，總是遠遠追不上不斷攀升的生活成本。

實際工資損失最為嚴重的例子，發生在德國於1922年年中爆發的惡性通貨膨脹初期。僅短短一週內，各類技術工人的工資已飆升至1913年水準的五百多倍，然而生活成本卻上漲了超過一千一百倍。因此，即便工人每週領取18,000馬克的薪資，其實際購買力仍不到1913年每週35馬克的一半。

事實上，在整個通貨膨脹期間，生活成本與工資水平之間始終進行著一場馬拉松式的拉鋸戰。到此後期，儘管每天的工資會根據生活成本指數進行機動調整，但除了採礦業之外，各行各業中技術與非技術工人的工資仍然持續落後於物價漲幅。（由於煤炭在賠款中的重要性，礦工的工資受到特別照顧，在1923年的某些月份，尤其是4月與8月，其購買力甚至高於1913年的水平。）

荒謬至極的情況出現在1923年12月，當時金屬工人的平均週薪高達30萬億（30,000,000,000,000）馬克，是1913年工資的8,500億倍，而生活成本則上漲了約12,500億倍。這位工資袋塞滿數兆馬克的金屬工人（可謂「富可敵國」），卻無力付錢給肉

第 5 章　通貨膨脹與通貨緊縮的間接損害

販、麵包師傅，甚至連雙「假紙鞋」都買不起，因為他那30萬億馬克的實際購買力，只相當於1913年36馬克的七成。

正如美國連鎖百貨業老闆愛德華・菲林（Edward A. Filene）[4]所言，在物價不斷上漲的情況下，勞動者所獲得的較高工資，其實是「虛假的」。如果勞動者將這些工資視為真實工資，那麼他們便成了「貨幣幻覺」的受害者。當勞動者開始意識到「貨幣工資」與「實際工資」之間的區別時，他們往往會失望地轉向指責雇主，而非將責任歸咎於如馬克或美元這樣的貨幣波動。另一方面，當物價水平下降時，雖然那些幸運保住工作的工薪階層會因為生活成本降低而獲益，但長期來看，大規模的失業潮會使更多人失去收入，最終勞動階層會因為失業而遭受更大的損失，即使物價下跌也無法真正改善他們的生活條件。

簡而言之，無論是通貨膨脹還是通貨緊縮，整體而言勞工都是輸家。他們的實際工資會下降，要麼因為工資增長跟不上持續上漲的生活成本（通貨膨脹期間），要麼因為部分工人失業，完全失去收入（通貨緊縮期間）。

4　譯注：菲林也是位著名的社會改革家，致力於改善勞工權益。

社會不滿

我們已經見識了不穩定的貨幣造成的諸多危害：上一章所闡述的社會不公，以及本章闡述商業、工業的不規則性，和就業的失序。

這兩種經濟弊端又衍生出另一種惡果：社會不滿。光是民眾對美元購買力變化的不了解，本身就足以引發不滿。例如，當通貨膨脹發生，工資跟不上物價的上漲，勞工往往認為是雇主在耍手段，故意提高生活成本，從而抵消薪水增加的部分。

有位對此感興趣的精神病學家曾指出，不穩定的貨幣彷彿是一種社會性的精神錯亂，類似於個體的精神疾病。有潛意識衝突的人，常感焦躁不安，卻無法明確察覺問題所在，因而將責任歸咎於錯誤的對象。同樣地，大眾無法理解通貨膨脹與通貨緊縮及其所造成的損害，但卻敏銳地察覺自身利益正遭受侵害，於是將矛頭指向他們所認定的惡棍。當物價水準下跌時，放貸者（如債券持有人）會因此受益，公眾便將他們視為禍首。

1896年總統選舉期間，總統候選人威廉・詹寧斯・布萊恩（William Jennings Bryan）就曾譏諷這些人，稱他們是「華爾街的

黃金蛀蟲」或「臃腫的債券持有者」。[5]這些銀行家與放款人,遂成為眾矢之的。另一方面,當物價水準上升時,獲利者同樣遭受民眾的譴責,他們成為民眾眼中的「暴力奸商」。

正如我們所見,公眾在這兩種情況下的指責都缺乏根據;「臃腫的債券持有人」在物價下跌時獲利是必然的,「黑心商人」在價格上漲時賺錢亦屬常情。1919年,紐約中部有位木材商為了避免被視為「黑心商人」,決定仿效奧地利銀行估算其紙品價格的做法,任意加上某個百分比來定價木材。結果,他驚訝地發現,自己竟荒唐地將木材賤賣回了批發商,原本是想避免被認為牟取暴利,反倒讓批發商從他那裡撿了便宜!

然而,不論是否情有可原,通貨膨脹或通貨緊縮之後,民眾的不滿總是隨之而來。當物價急遽上漲時,勞工理所當然地覺得自己成了受害者,其中較為激進的人甚至轉而仇視整個社會。隨

---

[5] 1896年美國總統大選正值經濟蕭條,核心議題為「金本位」與「白銀自由鑄造」。民主黨候選人布萊恩倡導白銀自由鑄造以增加貨幣供給、緩解農民債務;而華爾街等金融機構則支持金本位以維護貨幣穩定。布萊恩陣營遂將金本位支持者戲稱為「華爾街的黃金蛀蟲」(Gold-bug of Wall Street),持有黃金債券者為「臃腫的債券持有者」(Bloated Bondholder),諷刺這群人只顧著在通貨緊縮中不正當獲利,而無視勞工困境。

著通貨膨脹持續蔓延，工人的不滿也日益加深，愈發相信自身的困境是社會制度有意「剝削」的結果。

因此，正是這種不滿情緒孕育出布爾什維克主義及其他激進理論。達伯農勳爵（Lord D'Abernon）[6]曾在第一次世界大戰期間指出，布爾什維克主義的興起，主要源於貨幣購買力的變動；而這場運動，不過是矯正社會不公的一種粗糙手段。然而，貨幣不穩所造成的社會不公，其本身確實是存在的。

勞工問題

即使是最通情達理的工人和最通情達理的僱主，也很容易因為貨幣不穩定而產生意見分歧。正如十分關切勞工議題的英國貴族弗農勳爵（Lord Vernon）精闢地指出，貨幣不穩定是導致惡劣勞資關係的主要原因。

當物價水平上升時，工人會抱怨生活成本高漲，並要求提高工資，這是合理的要求，但僱主很可能會抗拒，尤其是當他們與

---

[6] 譯注：達伯農勳爵本名為埃德加·文森特（Edgar Vincent），是活躍於英國政治、金融與外交界的重要人物，尤以戰後出任駐德國大使、分析布爾什維克主義成因的觀點而知名。

勞工間存在長期合約或協定時。罷工往往是勞資雙方觀點分歧的結果。

相對地，當物價水平下降時，僱主往往會試圖降低工資。雖然從商業角度來看，這樣的做法是可以理解的，但勞工通常會強烈抵制，尤其是在他們擁有有利於自己的合約或協議時。在這種情況下，勞資之間的矛盾很容易升級，最終可能導致企業採取停工（lock-out）[7]的反制措施。

正如弗農勳爵在其書冊《煤炭與工業》（*Coal and Industry*）寫道：

「倘若勞資對立升級，政府通常會介入並進行調查。例如，1919年的桑基委員會[8]便是此類情況的先例，而1926年的塞繆爾委員會[9]則屬後者。無論是否最終發生停工，經歷了無數猜疑、事

---

7 譯注：雇主為對抗罷工或怠工等行為，所採取暫時性關閉廠房的措施。
8 譯注：桑基委員會（Sankey Commission）是英國政府於1919年設立，由法官約翰・桑基（John Sankey）主持，旨在調查一戰後煤炭產業的困境。委員會審查了工資、工時、工作條件及產業未來的管理模式，包括煤業國有化等議題。
9 譯注：塞繆爾委員會（Samuel Commission）是英國政府於1925年設立，由政治家赫伯特・塞繆爾（Herbert Samuel）主持，調查陷入新一輪危機的煤炭產業。該委員會的目標是審查產業效率、成本、勞資關係並提出解決方案。1926年的報告建議重組產業、停止補貼並降低工資，這一提案引發了礦工的強烈反對，最終導致了1926年英國史上最大規模罷工。

實扭曲、激烈言辭和痛苦的掙扎後，工資調整終究會達成，不論是上調或減薪。」

「這一奇特的過程常被稱為「進行必要的調整」，其實質是根據貨幣價值的變動來調整工資，無論是上調還是下調。值得注意的是，在上述例子中，第一種情況（物價上漲）的調整始於零售端，當礦工在商店購物時；而第二種情況（物價下跌）的調整則始於批發端，當煤炭所有者出售煤炭時。」

「工業界的勞資雙方都不樂見這個過程。所有理智的雇主都不喜歡減薪和停工，而工人則懼怕罷工。在很大程度上，雙方在無法掌控的經濟環境下都是受害者。如果這樣的分析是成立的，那麼我們可以理解，在每次勞資糾紛中，「罷工」和「停工」這兩個詞所激起的情緒是多麼的幼稚可笑，而這種情緒在每次爭端中都顯而易見。無論如何，許多情況下，罷工和停工都源於相同的原因，只是有時主動權被迫落到工人手中，而有時則是落到雇主手中。」

因此，不穩定的貨幣是工業動盪的主要原因之一，而穩定的貨幣則是促進工業和平的關鍵期盼。

第 5 章　通貨膨脹與通貨緊縮的間接損害

永遠是淨虧損

這一項關於貨幣不穩定所致危害的研究，最初的觀察發現，貨幣的不穩定會扭曲財務帳本，導致貨幣價值在社會各階層間的不公正轉移。這種轉移並非整體社會的損失，而是財富在不同群體間的再分配，換言之，某些群體的損失往往變成了其他群體的獲利。

但由於不確定性、蕭條、失業、不滿、罷工、停工、破壞、暴動、暴力以及布爾什維克主義等間接損害，我們如今發現，損失遠超過了收益，對於大眾而言，這無疑是致命的傷害。

無論物價水準上漲或下跌，這種損失都是真實有感的。

當物價上漲，經濟暫時受到刺激時，所謂的「繁榮」多半是虛假的表象。債券持有人、大多數受薪階級、許多勞工以及所有固定賺美元的人，他們的生活遠遠無法稱為富裕。我們必須記住，「繁榮」這個詞是商人的用語，它所描述的是特定階級的利益狀態，而非整體社會的福祉。因此，在通貨膨脹時期，所謂的「繁榮」，其實只是某一階級的繁榮，它透過犧牲其他群體的福祉為代價，進而增加獲利者的利益。

更甚者,這情形彷彿賭博,縱使是贏家的收益,最終也會被徹底一掃而空。當物價上漲時,隨之而來的罷工、暴動和暴力等間接影響,將會阻礙產業運作,甚至摧毀生產工具,進而奪走獲利者的利潤。這不僅是「誰將獲得利潤」的問題,更是「利潤是否存在」的根本問題。從經濟角度來看,毫不誇張地說,戰後德國因為其惡性通貨膨脹所遭遇的損失,可能遠比戰爭本身的損害來得更加嚴重。

同樣地,在物價下跌的時期,表面上的獲利者並非先前所提的「投機商人」,而是債權人,但即便如此,這些所謂的贏家也極有可能最終失去所謂的所得。債券持有人通常是單純的資本投資者,企業中的「沉默合夥人」,他們缺乏承擔風險的能力或產業領袖的素質。然而,經過多年物價下跌,不知不覺中,他們手上債券投資的企業氣息漸弱,直到企業的經營者或冒險投入資金的股東也無利可圖時,抵押物被沒收,而經營者則被視為沉船的罪魁禍首,他們被迫離開,名譽掃地、聲名狼藉,甚至無法理解或解釋這場災難並非完全是他們的錯。

問題的根源在於不可靠的記帳工具——美元。隨後,債券持有人或其代表人(通常是律師)接管企業的控制權,無論他們

是否具備經營企業的能力。如此一來，企業的管理權往往落入不適合的人手中，最終導致管理不善。債券持有人在不知情的情況下，成了現實中的「夏洛克」，不斷索取其「一磅肉」，直到曾經充滿生機的企業被徹底榨乾。[10]

在經濟蕭條時期失業的工人，永遠無法彌補他們失去的工資。他們所失去的，既不會被他們的雇主獲得，也不會被其他人獲得。閒置的人力和閒置的機器意味著整體社會的損耗。

總結

綜觀本章與前章，我們可知不穩定的貨幣會輪番侵害不同階級的利益，導致財富在不同群體間被掠奪、轉移。它擾亂了各種經濟計算、關係與調整，並引發貿易與就業的不安，進而滋生不滿、勞工問題、階級仇恨與暴力，最終帶來整體經濟的損失。總結來說，貨幣不穩定所產生的惡果可歸納為三類：社會不公、社會不滿與社會效率低下。

---

10 「夏洛克」與「一磅肉」來自莎士比亞的戲劇《威尼斯商人》，指的是放貸商人夏洛克與安東尼奧的契約，若未還款，安東尼奧需交出一磅肉。這一典故象徵貪婪和無情索取，暗示那些無視道德、只追求獲利的行為最終會導致災難，傷害他人或自身。

第 6 章

我們能做什麼？

有任何可行的辦法嗎？

我們已經目睹了貨幣不穩所帶來的重大損害。但是，對此有可行的解決辦法嗎？難道我們只能像接受地震和龍捲風那樣，將這些禍患視為天意或命運的安排嗎？

即便地震與龍捲風，也能藉由建造堅固的房屋來減輕其危害。本章中，我們將暫且接受這種宿命論觀點，認為貨幣領域中的「地震」與「龍捲風」無法避免，唯一能做的，就是整頓好自己的「家園」，以便抵抗這些衝擊。

由於「貨幣幻覺」的蒙蔽，人們未能及時意識到貨幣對他們造成的損害，因此在採取自我保護行動時顯得遲疑不決。如果我們能擺脫這種幻覺，將大大助益我們在商業經營中，制定更加明

智且實際可行的策略。許多人因為對通貨膨脹與緊縮漠不關心而導致事業失敗,然而,也有許多人洞察先機,並賦予莎士比亞的名句全新的意義:「人生潮起潮落,若能乘風破浪,便能直達財富彼岸。」

美元換算

最顯而易見的措施之一,就是觀察美元購買力的報價,並運用這些數據將商業帳目轉換為統一的標準。為此,以及其他目的,我每週計算這些指數,並於每週一在報紙上公佈。

這種全新且更精確的會計方法,無需改變現行以美元為單位的常規會計流程,但能提供企業主管和經理輔助性的統計數據。這些結果對主管來說十分具有價值,尤其美元劇烈波動時,可能會成為企業的「救命稻草」。當美元的價值變動,新會計方式會大幅調整先前以原始美元價值入帳的存貨和固定資產數字,因而改變過去的成本數據,並對預估和實際利潤數字產生很大的影響。

新興的預測分析行業

這些指數的另一用途是,結合其他證據,協助預測商業狀

況。從商人的角度來看，明顯或長期的物價水準下跌通常預示著經濟蕭條，若為顯著或長期的上升則是指經濟環境的改善。當然，還有許多與不穩定貨幣無關的事實和數據，同樣對預測有幫助，同樣有助於預測。

另一種防範貨幣不穩定的方法就是，取得專業建議並對可能的商業波動提前警覺。自商業分析師約翰・布魯克邁爾（James Henry Brookmire）和經濟學家羅傑・巴布森（Roger Babson）[1]以來，在過去二十年間，美國有越來越多的機構提供這項服務，且客戶群也在增長，這些機構只有在預測失準時才會遇到挫折，流失生意，他們為商人提供統計服務，在某些情況下，還提供預測服務，幫助客戶應對通貨膨脹和通貨緊縮的惡果。

除了商業部（Department of Commerce）發布的公告之外，越來越多機構提供商業預測和分析服務，包括標準統計公司（Standard Statistics Company）、哈佛大學經濟研究委員會（Harvard Committee of Economic Research）、亞歷山大・漢密爾頓學院（Alexander Hamilton Institute）、卡斯坦數據預測公司

---

[1] 譯注：著名的巴布森學院（Babson College）創辦人。

(Karsten Forecasts, Inc.)、穆迪投資服務公司（Moody's），其他雜誌社提供的服務，以及各企業和銀行的統計部門，總共約有八十多家。在英國，也有類似的機構跟進，例如倫敦政治經濟學院（London School of Economics）提供的服務。

擔任商務部長的赫伯特・胡佛（Herbert Hoover，後來成為美國第31屆總統），一直積極倡導利用這類統計資料來輔助決策。如後文所述，這些統計資料成為聯邦儲備系統發揮影響力、穩定商業的重要一環。聯邦儲備委員會及其下屬銀行負責收集並分發這些資訊。

這些現代商業資訊服務與幾十年來貿易期刊提供的服務差異不大，但它們通常比貿易期刊更側重於預測和衡量整體平均波動，也就是所稱的「商業週期」。

預測美元價值

有時，我們能夠清晰預見貨幣購買力的變動趨勢。此時，便會浮現難得的「賺錢」良機。預見到即將發生的貨幣變化後，我們還能進一步洞察未來，預測其帶來的影響。

任何略懂經濟學並熟悉德國戰後局勢的人，都曾擁有創造財

富的絕佳機會。事實上，許多人確實把握住了這個機會，包括前文提到的胡戈·斯廷內斯。一些經濟學家也抓住了這個「投機」的機會，用借貸資金投資房地產、股票和外匯。只要通貨膨脹持續，這類投機相對安全。在那時通膨劇烈的年代，最明智的做法顯然是不要購買以德國馬克償付的債券，並且避免將資金存入儲蓄銀行。我們已經看到那些缺乏這種智慧的人結局有多麼慘痛，而他們卻是大多數人。

當然，同樣的原則在美國亦然適用，並且至今仍是如此。在1917至1920年的通貨膨脹期間，美國的一些商人和經濟學家刻意採取了借貸投機的策略，他們深知通貨膨脹勢不可擋，並且確切了解如何從中牟取最大的利益。

在當今相對穩定的環境下，這樣的機會越來越少；然而，持續留意未來可能發生的通貨膨脹或通貨緊縮跡象，以避免財富損失或把握投資良機，依然是明智之舉。

投資顧問

在大多數情況下，由於價格水準的走向難以預測，因此在投資方面，廣泛分散的普通股，並適度搭配優先股與債券，通常

第 6 章 我們能做什麼？

能提供一定程度的安全保障。這類組合投資往往比單獨持有債券更為穩妥，因為債券持有人實際上是在對美元的未來價值進行投機；一旦美元貶值，損失在所難免。相較之下，主要配置於普通股的多元化投資則較為安全。近年來，投資人為了規避美元的不穩定性，對多元化投資的需求日益殷切。由於這類配置需要審慎規劃並持續調整，也因此促成了一個新興行業的誕生——「投資顧問」。其中一家顧問公司目前所管理或提供諮詢的投資總額，已達約兩億美元。

相較於過往的投資觀念，這種傾向於投資普通股的新趨勢，顯得頗具革新性。史卡德資產管理公司（Scudder, Stevens & Clark）[2]在其宣傳冊《投資安全要素》（*Elements of Investment Safety*）中指出：

「1906年，紐約州議會的阿姆斯壯調查委員會，在論及人壽保險公司時寫道：『應禁止投資股票……普魯士政府

---

2 史卡德資產管理公司是一家成立於1919年的美國投資管理公司，在當時為美國最具聲望的資產管理公司之一。該公司曾率先推出國際型共同基金，並在全球投資策略發展上作出了重要貢獻。

早在多年前便拒絕任何投資股票的保險公司在其境內設立業務。』」[3]

這本宣傳冊繼續評論：

「依照該委員會的建議，紐約州議會將這項政策立法。諷刺的是，十多年後，這項政策卻扼殺了德國的人壽保險業，儘管該行業才剛成功地挺過了一場慘烈的戰爭。」

除了有投資顧問協助投資人規劃資產分散配置之外，另一項快速興起的趨勢則是「投資信託基金」。這些基金往往自行進行多元化投資，然後向投資人發行憑證，使其得以分享該組合投資所產生的收益。

---

[3] 譯注：作者提出這段話反映當時的主流觀念，認為股票風險過高，不宜作為像保險公司這類需謹慎理財機構的投資標的。

合約規避

在本國貨幣極度不穩定,而鄰國貨幣相對穩定的情況下,個人可能會選擇部分規避風險,方法是將資金從劇烈波動的本國幣,「轉向」更穩定的貨幣(例如購買外幣),或是簽訂以外幣支付的國內合約。在極端情況下,投資者可能會拋售本國證券,並將所得資金轉投資於國外。這正是近期法國投資者在「逃離法郎」[4]中所採取的行動,如同幾年前德國投資者「逃離馬克」[5]的做法相似。

以瑞士法郎或美元等外幣簽訂合約,實際上無需將資本轉移至國外。一些德國人壽保險公司為了保障其保單持有人的利益,將其合約義務轉換為美元。

在美國綠背紙幣時期,也曾採用「合約規避」的做法,當時

---

[4] 逃離法郎(Flight from the Franc)發生於1920年代的法國,當時法國因一戰造成嚴重財政赤字,透過印鈔與舉債應對建設支出,引發法郎持續貶值。1924年至1926年間,法國實施財富重分配政策,使得資產階層對政府信心崩潰,資金大量流出至英國、瑞士與美國,造成法郎加速貶值與外匯儲備危機。

[5] 逃離馬克(Flight from the Mark)指的是1921至1923年間,德國在面對戰後賠款與經濟衰退時,透過超額發行紙幣應對開支,導致惡性通貨膨脹。到了1923年,德國馬克幾近毫無價值,民眾爭相用馬克換取實物或外幣,形成典型的「貨幣逃亡」,也是經濟史上惡性通膨最著名的案例之一。

的合約通常以黃金計價,特別是許多債券約定以法定重量和純度的金美元支付。1865年至1896年間的長期物價下跌引發了政治討論。1896年左右,這種限制性條款再次出現,起因是當時總統候選人布萊恩提議透過增加白銀的流通量來實現通貨膨脹,以對抗金本位下的通貨緊縮。在此背景下,後來簽訂的合同預先考慮到若布萊恩當選,美元可能會貶值。

時至今日,仍有價值數百萬美元的債券包含這種「黃金條款」,但人們大多已經忘記了當初促成該條款的背景,也未意識到黃金本身的波動幅度,實際上已經幾乎與當初擔憂的白銀波動幅度相當。

正如紙幣的受害者,有時會尋求更穩定的金本位制來保障自身利益,我們也時常發現人們會尋找比黃金更具優勢的商品來訂立合約。例如,在英國,教會的什一稅常以「實物」形式徵收;而在蘇格蘭,農場的租金通常以穀物計價,但租金實際上是以等值的貨幣支付,這種制度被稱為「蘇格蘭穀物價格」(Scotch Fiars)。它一直沿用至數年前。

英國著名經濟學家威廉・史丹利・傑文斯(William Stanley Jevons)讚揚牛津大學某些學院創辦人的遠見,他們明智地規定

隸屬學院的土地租金,應以「穀物」,而非貨幣來支付。

收購世界著名的道瓊斯公司(Dow Jones & Company)的出版商也是財經記者的克拉倫斯・沃克・巴倫(Clarence Walker Barron)曾告訴我一個有趣的案例:波士頓房地產開發商大衛・席爾斯(David Sears)將一塊位於斯考利廣場(Scollay Square)與審判街(Court Street)東北角的土地與其建物,租賃給商人尤里亞・卡廷(Uriah Cutting)。他們簽訂了一份長達一千年的租賃契約,根據這份契約,自當年12月1日起,每年的租金為「十噸最高等級的舊俄羅斯鍛鐵」[6]。當時,雙方還針對另外十一處不動產簽訂了類似的長期租約。在這些契約中,租金實際上是以貨幣支付,但其金額必須等同於合約中規定的鐵材數量的價值。

在第一次世界大戰後的中歐各國,無論是租賃契約,或是各種形式的延遲付款,普遍都改以商品來訂立,通常是以小麥或黑麥計價。奧地利、羅馬尼亞等國皆有類似的作法。據說,在匈牙利,銀行家接受以匈牙利克朗計價的存款,但他們承諾償還給

---

6 譯注:舊俄羅斯鍛鐵(Old Russia Sables Iron)指的是早期採用傳統錘鍛和高溫退火工藝製成的鐵板,現代工藝已無法完全複製,具有歷史工藝與收藏價值。

存款人的,並非存入時的克朗數額,而是與原始存款等值的黑麥（以蒲式耳計）,外加利息。

這種作法可謂審慎而周全,如果能更被廣泛地採用就更好了。它既保障個人利益,也向大眾傳遞了貨幣穩定的概念。

標準物價表制度

如前所述,從以單一商品（如穀物或鐵）為計價標準的合約,進一步發展成以多種商品為基礎的合約,不過是短短一步之遙。在這類合約中,貨幣支付會依據一種物價指數進行調整,也就是早期所稱的「標準物價表」（Tabular Standard）[7]。

堪薩斯大學政治經濟學教授威拉德・費雪（Willard C. Fisher）舉了一個頗具歷史意義的例子,或許是最早部分運用標準物價表以矯正紙幣不穩定性的實例。1747年,麻薩諸塞灣殖民地頒布了一項法律,創設一種標準物價表,用以評定公共信用票據的價

---

[7] 「標準物價表」是一種制度設計,使貨幣支付金額依據一籃子基本商品的市場價格調整,以使契約金額能隨物價變動而調整,減輕貨幣波動對交易雙方所造成的影響。此概念在 20 世紀初曾短暫興起,雖未被普遍採用,卻在某種程度上啟發了今日消費者物價指數及其他通膨調整機制的設計。

值。到了1780年，麻薩諸塞州又通過另一項法律，規定某些票據（包括本金與利息）的償付應依據標準物價表進行。這些票據上明文載明：

「本金與利息應以當時該州通行的貨幣支付，其支付金額之多寡，將視下列物品在當時之市場價格而定：5蒲式耳的玉米、68.75磅的牛肉、10磅的羊毛以及16磅的鞋底皮革。倘若這些物品的總價高於或低於當時流通貨幣130磅，則支付金額將相應地增加或減少。」

意思是說，還款時，上述商品的市場總價高於當初參考值的130磅，那就代表貨幣購買力下降，因此債權人應收到超過130磅的貨幣；反之亦然。

麻州的這項舉措，率先建立了「標準物價表」的概念，並啟發了多位學者提出類似的概念，如約瑟夫・勞埃（Joseph Lowe）、喬治・斯科羅普（George Julius Poulett Scrope）等。勞埃在1822年倡議建立「基本商品參考表」（table of reference），該表由大眾經常性消費的商品構成，並且會考量這些商品在整體

消費中所占的比例或數量。而在完全不受勞埃與思科羅普的影響下,統計學家喬治・理查德森・波特(George Richardson Porter)也在1838年出版的《民族進步》(*Progress of the Nation*)一書中提出類似的方案。波特在書中編制了一個表格,展示了1833年至1837年間,五十種商品每月的平均價格波動情況。

英國經濟學家威廉・史坦利・傑文斯(William Stanley Jevons)早在1865年便指出,黃金的價值並不穩定,自1789年以來至他撰文之時,黃金價格曾經歷劇烈波動。其後於1873年出版的《貨幣與交換機制》(*Money and the Mechanism of Exchange*)一書中,他主張應以「標準物價表」作為一種價值標準,來取代波動幅度甚大的金本位制度。

值得注意的是,勞埃、斯克羅普、波特和傑文斯等經濟學家所致力解決的,並非紙幣價值的波動問題,而是黃金本身的價值不穩。他們大大預示了今天所討論的重要議題:更穩定貨幣標準。

戰時範例

第一次世界大戰激發了人們使用指數的興趣,開始用指數來衡量物價變動和黃金價值波動。戰時或戰後,許多情況下開始使

第 6 章 我們能做什麼？

用發展更加完善的標準物價表，這是歷史上首次大規模地廣泛運用現代化指數。

勞工階級尤其從生活費用指數中獲益，更利用它作為在通膨時期談判工資的手段。在美國、歐洲的千百萬勞工，他們的工資都依據生活費用指數進行調整。當指數上升時，工資也會相對應地提高。正如美國勞工統計局（United States Bureau of Labor Statistics）研究員艾瑪・卡爾（Elma B. Carr）在1924年所寫的那樣：

「無論是州政府或是市政機構，生活費用已成為政府仲裁委員會裁判時的重要依據。在十三個州及哥倫比亞特區，最低工資的制定更是以生活費用為主要指標。過去十年，幾乎所有自願接受仲裁的勞資糾紛中，這一因素都被納入考量。戰爭期間，許多私人雇主依據生活費用數據制定薪資方案，其中一部分至今仍在實施。戰後，更多公司則明確將生活費用的變動納入工資支付計劃之中。」

「根據生活費用變動而調整工資的勞工人數，難以準確估計。聯邦仲裁委員會的裁決直接影響了以下產業的僱員

人數：約74萬7千人從事煤炭業、10萬人從事包裝業、50萬人從事航運業，以及200萬人從事鐵路業。此外，美國全國戰爭勞工委員會的裁決也影響了來自各行各業的71萬1千5百名僱員。」

「自1922年起，陸軍、海軍、海軍陸戰隊、海岸防衛隊、海岸暨大地測量局以及公共衛生服務局中，特定職級以下的委任軍官，他們的生活費和房租津貼皆依據美國勞工統計局所公布的生活費用數據進行調整，直接影響約1.6萬人。僅紐約市的書籍與商業印刷業，就有約2.2萬名僱員的工資受其影響；而在芝加哥，同一行業中受影響者介於9千至1萬人之間。勞資關係委員會對電力建設業所作的裁決，則關係約15萬名工人。事實也顯示，各行業的私人雇主亦廣泛採用生活費用數據作為調薪依據。」

「總體而言，具體受到工資調整影響的勞工人數極為龐大，在可見的行業中，受影響者便已超過五百五十萬人。在許多情況下，間接受牽動的勞工人數可能更多，因為同一性質工作的其他雇主往往會自願調整工資，以符合工資仲裁機構所制定的標準，或跟上同行的薪資水

第 6 章 我們能做什麼？

準。因此，無論是直接還是間接，幾乎所有勞工的薪資調整都會受到生活費用衡量標準的影響。」

即使在實行金本位制的國家，也採用了指數調整的方法，這一點具有深遠的意義。在近期的戰爭期間，歷史上才普遍出現這項共識，那就是黃金絕對不是制定工資或合約的理想標準。這些契約往往需要根據衡量黃金購買力變化的指數進行調整，才能反映實際經濟狀況。

和平時代範例

在通貨膨脹期間，工資調整措施蓬勃發展，並廣受勞工歡迎。然而，一旦通貨緊縮出現，這些調整便逐漸被捨棄。主要原因在於，勞工受到貨幣幻覺的影響，認為工資下調會降低他們的購買力，因此強烈反對。

儘管如此，這種基於生活費用指數進行工資調整的方案偶爾仍會被採用。費城捷運公司最近引入了一種「市場籃子工資」（market basket wage）制度，其計算方式是以一份特別編制的費城生活成本指數為基礎。

有時也會出現其他類似「物價表」概念的應用。麻薩諸塞州的一位先生將其房屋出租，租金隨指數浮動，他最初採用的是美國勞工統計局的指數，後來則改用我統計的指數。

幾年前，蘭德・卡德克斯公司（Rand Kardex Company，現已併入雷明頓蘭德公司）以相同的原則發行了一張「穩定債券」。其條款如下：

「本公司特此聲明，發行本債券的目的，在於為持有人提供一種較其他形式的債券更穩定的實質購買力收入。本債券條款明訂，當美元購買力變動時；即商品價格指數上升或下降，本公司將依該變動調整應支付金額，隨之增加或減少。」

摘要

由此可見，即便是個人，也有能力對抗不穩定貨幣所帶來的損害。他可以將帳目換算為較穩定的標準，以更準確地掌握自身的盈虧情況；也可以參考貨幣近期的走勢來預測經濟動向，或借

第 6 章 我們能做什麼？

助商業分析服務達成同樣目的。有時候，他甚至可能預測美元的走向。

在投資方面，他可以避開風險較高的債券，轉而選擇多元化的證券組合，尤其是普通股，並尋求專業投資顧問的協助；他也可以「逃離」不穩定的馬克或法郎，將資金轉往海外，或另行採用其他標準（如標準物價或指數標準），藉以在契約中「排除」現行貨幣的影響。

這些做法早已被廣泛採行，累計形成數以百萬計的調整行為，其目的皆在對抗不穩定貨幣所造成的影響。若本書後兩章所提出的改革措施能夠真正落實，並使金本位制度達致穩定，這些作法無疑將更加普遍，持續發揮其效用。

第 7 章

銀行能做什麼？

引言

在上一章中,我們看到指數透過呈現物價水平與美元購買力的變動,有可能成為一種保護機制,使個人免於通貨膨脹與通貨緊縮的衝擊,這項機制的運作方式,為重新調整合約內容提供了依據,特別適用於工資、租金與債券等類型的契約。指數的應用就像從外部為不穩定的美元貼上一塊補丁,對其補強其漏洞。然而,這種方式尚未,也可能永遠無法廣泛適用於大多數契約,原因有二:一來手續過於繁瑣,二來「貨幣幻覺」使得多數人無法意識到這類調整的必要性。

然而,與其事後亡羊補牢,利用指數從外部修補美元以抵銷其波動,不如一開始就從內部著手,運用指數來預防波動的發生。

第 7 章　銀行能做什麼？

　　穩定貨幣單位的購買力，長久以來一直是經濟學家夢寐以求的目標。尤其在經歷了世界大戰帶來的貨幣動盪之後，這個夢想正終於一點一滴地開始實現。

　　越來越多經濟學家、銀行家與政治領袖不再抱持貨幣宿命論的觀點，而是認識到通貨膨脹與通貨緊縮幾乎全都是人為造成的。既然問題來自人為，那麼，建立一套由人為控制的穩定機制又有何不可？我們早已意識到需要一種「彈性貨幣」，使銀行的放款規模能夠大致對應商業上的實際需求。如今，我們更理解，唯有更有效地控制貨幣流量，才能更加完善「貨幣流」與「商品流」之前的平衡。

　　世界大戰後，人們才慢慢開始弄清楚貨幣的原理。經歷過嚴重通膨與通縮的慘痛教訓後，勞工、企業主、銀行家與政治家才開始反思，意識到在這些記憶尚未淡去之前，應及早推動預防性的改革，避免歷史重演。

　　如今，得益於指數的出現，實現貨幣穩定變得比以往更為可行，不再「紙」上談兵。直到前一代，我們才開始採用指數這項工具，用來揭露貨幣命運般的必然波動。我們沒有磅秤，就無法建立穩定的重量單位；我們沒有合適的電學儀器，就無法建立穩

定的電力單位；同樣地，我們沒有「指數」這項工具，就無法建立穩定的美元。在這之前，「穩定購買力」的概念過於模糊，難以成為任何具體改革的基礎。

在沒有指數概念的年代，人們對穩定貨幣的認知，僅止於固定硬幣的重量與純度，這也可視為最初粗略的嘗試。相較於那些金屬成分不明、重量與成色不一，甚至遭到剪邊損耗的劣質硬幣，堅持將硬幣重量維持一致的做法，確實是一大進步。然而，固定重量的唯一好處，就是能部分地穩定其購買力，不像重量不確定的硬幣或無法兌換的紙幣那樣，因缺乏支撐價值的保障而引起劇烈波動。除此之外，沒有無其他好處。

我們已經看見，要穩定美元的關鍵，在於建立兩大流動系統——貨幣流與商品流——之間更緊密的對應關係。即便我們擁有再「彈性」的貨幣系統，這種對應也不會自動形成。然而，由於貨幣流動的總量是可由發行者掌控的，我們並非束手無策。現今的主要貨幣發行機構為中央銀行，大眾自然期待它們提供能隨經濟活動自動調整的「彈性貨幣」。

在現代經濟條件下，隨著龐大的信用體系的建構，早期的

第 7 章 銀行能做什麼？

「自動金本位理論」（automatic gold standard）[1]早已不合時宜。根據這種理論，黃金的價值主要源自其在藝術與工業上的應用，而所有可兌換黃金的信用貨幣（如紙鈔與可支票提款的存款）則自然與黃金等值。過去人們認為這些「次級貨幣」對黃金本身價值的負面影響可以忽略不計。然而，今天情況正好相反，這些「反向作用力」已經成為主要因素。信用貨幣的總量早已超越可兌換的黃金儲備。

在英國與美國，信用貨幣與黃金的比例大約為七比一，如今是「尾巴搖狗」，而不是「狗搖尾巴」。換句話說，現代的貨幣體系已由紙幣與信用主導，黃金則淪為附屬配角，與其說紙幣或信用貨幣的價值來自於可兌換的黃金，不如說是紙幣或信用貨幣定

---

[1] 所謂「自動金本位」，是一種理想化的貨幣機制，主張黃金的進出可以自動調節一國的貨幣供應與物價水準，進而維持國際間的貿易平衡。其運作邏輯如下：
 - 當一國出口增加、貿易順差擴大時，黃金從他國流入，國內黃金儲備因而上升。由於貨幣與黃金掛鉤，黃金增加即代表貨幣供給擴張，物價上漲，出口競爭力降低，最終使貿易順差自然收斂。
 - 反之，當進口增加、出現貿易赤字時，黃金外流，國內貨幣供應隨之縮減，物價下跌，進口成本提高，出口變得更有吸引力，從而促使貿易逆差逐步收斂。
 整體而言，這個機制強調「不干預」，也就是說，無須中央銀行或政府出面操作，僅透過黃金本身的流動，即可「自動」實現國際收支的平衡，因此被稱作「自動金本位」。

義了黃金的價值。

既然流通中的信用貨幣總量是可被控制的,那麼我們事實上早已進入「可管理的貨幣體系」,只是我們尚未完全自覺而已。若能以科學而非碰運氣的方式進行貨幣管理,那麼實現穩定的貨幣,也許沒那麼遙不可及。。

科學控制的開端

第一次世界大戰結束後召開的多場國際會議中,「穩定貨幣購買力」的議題便被廣泛討論。直到1922年,於熱那亞舉行的經濟會議上,這項議題終於走出紙上談兵,邁向制度化的第一步,可謂是一個重要的里程碑。在該會議上,來自三十多個國家的代表一致通過一項具有歷史意義的決議,表態支持貨幣穩定,並列出若干可行的實施方向。其中,包括各國中央銀行在黃金儲備運用與貼現政策上的協調合作。這些經濟專家在會中建議:

> 「歐洲經濟重建的根本要務,在於各國致力實現其本國貨幣價值的穩定。」

隨後，他們接著列出了數項應立即推行的具體措施，並補充說明：

「這些措施本身或許足以重建金本位制度，但若要維持其有效、穩定且長久的運作，不僅需要中央銀行之間的合作，更有賴於適時簽訂一項國際公約以實質推動。該公約的目的，在於集中並協調全球對黃金的需求，以免各國爭相累積金屬儲備，導致黃金購買力劇烈波動。除此之外，這項公約也應納入節約黃金使用的方法，例如以金匯兌本位制或國際清算系統的形式，將黃金儲備轉為外匯形式持有。」

聯邦儲備系統的舉措

更具劃時代意義的是，聯邦儲備系統於1922年正式朝此目標展開實際行動。聯邦儲備理事會及各地聯邦儲備銀行的官員們深知，美國龐大的黃金儲備正潛伏著通貨膨脹的危機，因此必須採取一切可能的措施加以遏制。倘若當時他們未能有所作為，而是

一味逐利（例如透過放貸賺取利息），則極可能以黃金儲備為基礎，任由信貸盲目地擴張再擴張，導致整體信貸體系加倍膨脹。屆時，黃金儲備率將從近八成驟降，逼近法定下限：存款負債35%、聯邦儲備券40%。如此激增的信貸，極可能使物價翻倍，形成一場可比1917至1920年間的通膨，其後果恐怕也同樣嚴重。

任其自然的放任政策，既無法守護美元，反而會令其價值受損，即便美元在金本位制度下與固定的黃金重量掛鉤也無濟於事。面對未來可能的通膨威脅，面對如此局勢，再加上人們對戰時與戰後通膨的記憶猶新，對1920至1921年那場更為慘烈的通縮亦仍心有餘悸，聯邦儲備體系中的領導者們本能地意識到，萬萬不可重蹈覆轍舊有的短視政策。

先前的通膨與通縮，狠狠打擊了那些曾自鳴得意的銀行家，他們天真地以為，只要貨幣能兌換為固定重量的黃金，便可萬無一失。然而，人們開始意識到，即便只是一種模糊的察覺，至少在和平時期，通貨膨脹與通縮在很大程度上源自人為的決策，因此，他們下定決心，未來要更審慎明智地行使這種決策權，以更完善地服務公共利益。

正是在這樣的背景下，一項嶄新的政策悄然誕生，它幾乎沒

有引起注意,甚至尚未具備清晰的意圖及方向,但我深信,它終將取代那種任由貨幣潮流擺佈、漫無目標地隨波漂流的傳統舊制。

簡而言之,自1922年聯邦儲備系統正式設立「公開市場委員會」(Open Market Committee),開始透過買賣證券,尤其是政府債券,以調控整體信貸情勢以來,美元的價值便開始受到一定程度的保護,不再任其大幅波動。一年後,該委員會於1923年改組,並明文表示其任務「主要考量商業與工商活動的融資便利性,以及此類買賣對整體信貸情勢的影響」,此舉象徵著聯邦儲備系統責無旁貸地承擔起調控或引導信貸的職責。而當他們意識到自己竟然掌握著如此巨大的信貸影響力時,既驚訝又敬畏。然而,若能審慎行使這份權力,聯邦儲備系統將無疑成為全球最具影響力、亦最卓越的公共服務機構。

十二家聯邦儲備銀行(Federal Reserve Banks)[2]手上握有大量黃金與證券資產,使其在與數以千計的成員銀行進行交易時,能在公開市場上大規模買賣證券,從而增加或減少成員銀行的可放

2　譯注:美聯儲架構最上層為聯邦儲備理事會,第二層為聯邦儲備銀行(以下稱聯準銀行),最下層才是上萬家的成員銀行。

貸資金。

當聯邦儲備銀行向成員銀行買進證券時，成員銀行收取來自聯邦儲備銀行的貨幣，也就是說相當於將資金注入市場，擴大貨幣的流通量。（若這些新增的資金被成員銀行用來償還對聯準銀行的債務，資金便從市場流回到聯準銀行，此情況可透過「下調貼現率」〔discount rate〕，讓成員銀行更願意持續借款而非提前清償，從而抑制資金回流。）

當聯準銀行賣出證券給成員銀行時，聯準銀行回收了成員銀行手中的貨幣，這就是將資金從市場中抽離，縮減貨幣流通量。（儘管資金可能透過聯準銀行再次向成員銀行發放貸款而回流於市場，但可透過「提高貼現率」，使借貸成本上升，限制資金再度進入市場。）

由於上述提到的信貸活動，即承作貸款或償還貸款，與聯邦儲備政策緊密相連，進而延伸出另一項政策，即前文括號中所提到的「調控貼現率政策」。數以千計的成員銀行向聯準銀行借款越容易，它們便越能輕鬆地對客戶放款；而聯準銀行則可通過上

調或下調對成員銀行的貼現率（Discount Rate）[3]，或稱「重貼現率」（Rediscount rate）[4]，根據實際情況使信貸條件變得寬鬆或嚴格。如此，聯準銀行便能使我們日日所用的貨幣，時在眼前，時在天邊，從而遏止通貨膨脹或通貨緊縮。

在公開市場上買賣證券，以及調控貼現率或利率，這兩種手段密不可分。當其合而為一，便賦予聯邦儲備系統對貸款、物價與經濟榮枯強大的控制力。其他調控方式則可見於本書附錄。

有些美國人對歐洲的「被控管的貨幣」頗多敵意，卻未察覺今日美國的貨幣，在很大程度上亦屬「被控管的貨幣」。問題不是我們「用不用」這個「被控管的貨幣」，而是我們「管不管得好」這個「被控管的貨幣」。在某種程度上，聯邦儲備系統也應當保障國家免於通貨膨脹與通貨緊縮的重大侵害。

---

3 譯注：「貼現」這個詞原意是「貼息取現」。「貼現」係指持票人（通常為企業或個人）將持有的未到期票據或債權，向銀行請求提前兌現的行為。銀行在支付票面金額時，會依票據期限，扣除利息及相關費用再支付給持票人，此預扣的利率即為貼現率。
4 譯注：「重貼現」發生於銀行同業之間，特指商業銀行因自身資金需求或持有過多已貼現票據，而將其已貼現的票據作為抵押，向中央銀行請求融資的行為。

信用控制對美國的重要性

美國的經濟繁榮,向來令其國人自豪,也讓外國人稱羨不已。外界對其原因眾說紛紜:美國人的創造力與發明精神、資本主義制度、勞動效率、動力機械的應用、工業機械化、民主政體,甚至禁酒政策,皆被視為可能的因素。這段榮景持續多年,直到兩年間物價持續下跌,其累積影響開始浮現,衰退的徵兆才逐漸顯現。

然而,造就那段經濟增長最關鍵因素,最根本、卻最常被忽略的,乃是自1921年以來貨幣的「相對」穩定。誠如本書第三章所示,自1849年起歷經了十個時期,其中第十期(1922–1928)展現了前所未有繁榮與穩定,這絕非偶然。

正因美元高度穩定,產業運作得以更精密、更順暢,也因此助長了勞動效率、員工滿足感、科學管理、儲蓄與工業機械化的進展。

然而,這個穩定因素之所以長期未受重視,很大程度上是因為老生常談的「貨幣幻覺」在作祟。人們很難知道,通膨及通縮的「不存在」,竟能帶來經濟繁榮;也很難體會到,通膨及通縮

的「存在」，竟會造成經濟困境一樣。事實上，前者甚至更難被察覺，因為平穩的局勢從來不像動盪那樣受人注目。

在這種普遍忽視之下，英國前財政大臣、現任全球最大銀行——米德蘭銀行（Midland Bank）董事長的雷金納德・麥肯納（Reginald McKenna）是一個最傑出的例外。他在1927年1–2月號《米德蘭銀行月刊》(*Midland Bank Monthly Review*)中指出，英格蘭銀行之所以得以存續八十年，是因為在危機時期，《1844年銀行法》(Bank Act of 1844)雖名義上規範信貸，實際上會因為某些危機發生而暫停實施，以使信貸能配合商業需求，而非受限於黃金儲備的僵化規定。

麥肯納並建議，應重新審視英國貨幣與信用制度的「理論基礎與實際技術」。他提醒讀者，自戰爭以來，已有阿爾巴尼亞、奧地利、智利、哥倫比亞、捷克、斯洛伐克、但澤、厄瓜多爾、愛沙尼亞、德國、匈牙利、印度、拉脫維亞、立陶宛、秘魯、波蘭、俄羅斯和南非等國陸續推動中央銀行改革。在這些國家中，除了印度，無一仿效英格蘭銀行法，反而幾乎全數採行類似《聯邦儲備法》的制度，強調「彈性貨幣」原則。若管理得當，此類制度可使貨幣流量與商品流量保持一致。儘管他對英格蘭銀行治

理者在舊制度下的操作技巧表示肯定，麥肯納仍明言，由於聯邦儲備制度更為彈性，因此美國較英國更加欣欣向榮。

國際合作

然而，英格蘭銀行目前亦儘其所能，採行種種與聯邦儲備系統相近的措施。尤其是透過買賣證券所施行的公開市場操作，在其政策中扮演著日益重要的角色。正如麥肯納先生所說：

> 「在信貸調控方面，過去主要倚賴的銀行利率，如今在很大程度上，已被原本作為輔助工具的公開市場操作政策所取代，此政策乃由英格蘭銀行主導，其方式包括證券買賣、放款或收回貸款等。」

目前歐美各大中央銀行，已開始舉行非正式會議，以討論此類政策以及相關事宜。據報導，1926年6月，在紐約和華盛頓曾舉行的此類會議，匯集了美國銀行家、聯邦儲備系統和財政部官員，以及法國和德國的金融首長，目標為重建歐洲金本位體系與穩定物價水準。

第 7 章　銀行能做什麼？

1927年7月,該會議再度於美國舉行。據紐約聯邦儲備銀行行長小班傑明・史壯(Benjamin Strong Jr.)對媒體所述,會中所討論的議題,包括「黃金的購買力」與「多項促進彼此緊密合作的提案」。

與會者尚有英格蘭銀行行長蒙塔古・諾曼(Montagu Norman),他與史壯行長一樣,主張各國中央銀行應設法避免黃金價格過高或過低。

第三位參與會議的為法國銀行(Bank of France)副行長夏爾・里斯特(Charles Rist),其主張為,在現實所允許的範圍內,盡可能穩定黃金相對於商品之價值。

第四位參與者則為德意志帝國銀行(German Reichsbank)總裁沙赫特博士(Dr. Hjalmar Schacht),其為《馬克的穩定》(*The Stabilization of the Mark*)一書之作者,亦曾為已故南非學者羅伯特・阿弗雷德・萊費爾特(Robert Alfred Lehfeldt)近期發表於《經濟學人》(*London Economist*,英國的新聞周報)之文章撰寫序文,該文主張透過控制金礦產量以穩定黃金購買力。

這四位金融界的重要領袖,共同探討在當前條件下,如何穩定黃金購買力,所提出的可行措施,具備深厚的權威性與代表

性。若此穩定性得以實現,將有效消除劇烈的價格波動,並為所有人帶來難以估量的好處。

我們似乎可以預期,未來各國中央銀行將視「穩定化」為其目標,也就是避免通貨膨脹和通貨緊縮,其目標與熱那亞經濟會議所建議的非常相似。

至於聯邦儲備系統和其他中央銀行如何推動這一穩定化工作以達到完善,可能有兩條途徑。其一是沿著既有的發展脈絡,隨著技術的進步,不斷加強彼此之間的合作。英格蘭銀行便是其中的例子,該行原本是私人銀行,但經歷多次與政府的合作後,逐漸轉型為國有銀行。

其二是通過締結「公約」,如同熱那亞經濟會議所建議的那樣,並配合各國的立法。目前,美國國會正在審議「史壯法案」(Strong Bill)[5],該法案旨在明確授權並要求實施有意識的穩定化政策,同時賦予聯邦儲備系統在執行過程中的充分自主權。

---

5 譯注:「史壯法案」是由紐約聯邦儲備銀行行長班傑明·史壯於1927年提出的一項法案。該法案要求聯邦儲備系統積極推動貨幣穩定政策,維護金融體系穩定,同時賦予其執行政策的自由裁量權,避免政府過度干預。最終,由於政治與經濟上的分歧,該法案未能通過。

聯邦儲備系統的國際影響力

即便歐洲並未積極參與合作,聯邦儲備系統單憑一己之力,仍對全球價格水平產生強烈的連鎖影響。只要其他國家維持金本位制度,聯邦儲備系統對金元的穩定舉措,也會連帶影響這些國家貨幣的穩定性。因所有實行金本位的國家,其價格波動自會彼此呼應,如同一家人。

斯德哥爾摩大學的教授貝帝爾·奧林(Bertil Ohlin),曾在1927年6月第18期《瑞典商業銀行指數》(*Svenska Handelsbanken Index*)中發表看法。但他的說法頗為誇大。他認為,黃金流動已全然失去對價格水平的影響力:

「信貸的授予,應由聯邦儲備理事會依經濟觀點判斷其適當性。」
「這意味著不僅美國的貨幣體系發生了革命性的變革,所有實行金本位制的國家亦然。世界價格水平的發展控制權,已完全落入聯邦儲備理事會及其理事手中。」
「倘若聯邦儲備理事會認為推行寬鬆信貸政策是明智的,

致使美國物價水準上揚,其結果是部分多餘黃金將流向其他國家,一連串地引發當地的信貸擴張與價格上漲。」

「反之,若美國認為降低物價是適當的,其他國家也將被迫跟進。否則,其國內物價水平終將過高,國際收支將轉為逆差,黃金亦開始流入聯邦儲備銀行的金庫。歐洲各國央行受限於發鈔準備金(Note-cover)[6],無法坐視此種情況發生,因而被迫採取限制性信貸政策,迅速壓低歐洲的物價水平。」

「因此,其他國家被迫使其物價與美國大致同步。倘聯邦儲備理事會決定提高黃金價值,即實施通縮,其黃金儲備便會增加;反之,若其減少過剩儲備,則全球也將被迫一同降低金價。」

「聯邦儲備系統實現了黃金的『價值維持』,這與巴西的咖啡價值維持政策相似。通過釋出部分多餘儲備,將導致全球黃金價值下跌,即全球物價上揚;反之,增加儲

---

[6] 譯注:發鈔準備金通常是指金本位制度下,各國中央銀行必須持有足夠的黃金儲備,才能支持其發行的紙幣,以確保貨幣的價值和信譽。

備則讓黃金更加稀缺,並導致全球物價下降。」

奧林教授此番言論,雖在根本立場上並無大誤,卻誇大了聯邦儲備系統的影響力。這種影響遠稱不上全面控制,亦不可能單靠聯邦儲備理事會實現。其他國家對美國亦有不小的牽制。例如過去兩三年間,英國的通貨緊縮對壓低美國物價便造成明顯影響。信貸的連鎖效應可謂是皆牽一髮而動全球。

然而,倘若聯邦儲備系統與各國央行的影響力得以充分發展並相互協調,便可逐步建立起有效的信貸調控機制。此一全球性的信貸控制,再加上下一章所述之黃金控制的強力輔助,將使我們更能有效掌控物價水平與貨幣購買力。甘末爾教授曾指出:

「幸而在過去六年間,仰賴美國在世界信貸市場的主導地位、龐大黃金儲備,以及聯邦儲備系統與其他重要國家央行的睿智協作,全球金本位體制下的貨幣單位大致維持了溫和穩定。然而可惜的是,幾乎沒有理由相信這些有利條件將永續不變。美國未來既無能力,也不應再為全球利益持有這麼高比例的黃金儲備,這種做法所涉

及的費用和責任，對任何單一國家而言都過於沉重。此外，全球未來的黃金產量亦充滿不確定性。黃金供給將會超前需求，抑或落後於需求？此問題爭議頗多，其答案將大幅決定黃金價值的走勢，金本位是否繼續實行，更將攸關數十億人的福祉。」

「在過去幾年裡，關於貨幣不穩定問題的理解已有長足進展，但貨幣穩定這一重大課題仍未解決。在我看來，這個問題終究能夠、也必將得到解決。」

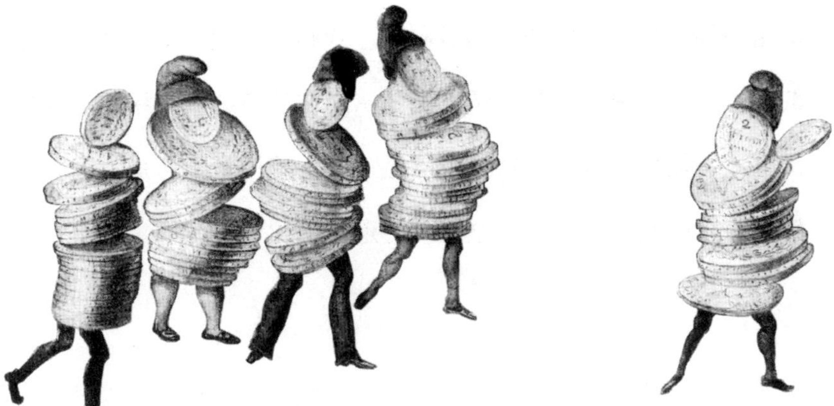

第 8 章

政府能做什麼？

回歸金本位制

我們已經看到信貸管制[1]，甚至是國際層級的信貸管制，都已經逐步發展。這類管制的細節必須由中央銀行制定，而非政府直接插手；政府的角色應該是制定整體性的指導原則。

但是，為了讓貨幣系統穩定、可靠，政府可以且應該做的事情遠不僅止於制定整體的指導原則。我們觀察到，造成通貨膨脹的最主要原因來自於政府預算失衡。而在政府處於入不敷出的情況下，往往會透過印製鈔票來補足缺口，這正是引起通貨膨脹的導火線。因此，政府首要之務，便是平衡預算，以穩定經濟。這

---

1 譯注：金融機構對某些業務，如房貸採取一定程度的限縮，以達到控制資金流向與流量的目標。

也是歐洲在世界大戰後所面臨的問題，也是最迫切的需求。沒有平衡的預算，就沒有穩定的貨幣；國家唯有擁有平衡的預算，才有可能再回歸至金本位制度。

世界大戰後，歐洲主要國家陸續實現了預算平衡，並重新採用了金本位制，或「黃金匯兌本位制」，這兩種制度基本上的概念是相同的（在金本位制下，所有其他貨幣都可以兌換成黃金；在黃金匯兌本位制下，貨幣可以兌換成匯票，持票人有權以此匯票在另一個國家兌換成黃金）。當時，只有幾個國家，如法國，沒有回歸到金本位制[2]。只能說在當時唯一可讓國際穩定的實際途徑就是，各國普遍回歸金本位制或與之類似的黃金匯兌本位制。

回歸金本位制的三種途徑

各國回歸金本位制的主要途徑可分為以下三類：其一是德國所採的方式，即一舉拋棄因通膨而貶值至幾乎一文不值的紙馬克，改以金馬克重頭開始；其二是英國的方式，以通貨緊縮的方式，將紙英鎊的價值提升與金英鎊的價值相同；其三則為義大利

---

2 譯注：戰後法國為了刺激經濟，不實施金本位制，而讓法郎貶值。

所採,即調低金里拉的含金量,使之與現行紙幣里拉對等。這三種方式我們以「廢除舊貨幣」、「恢復幣值」、「貶值」稱之。

第一種廢除舊貨幣,對債權人不公平;第二種是恢復幣值,對債務人不公平;第三種為貶值,所造成的傷害最小,因為當時里拉的價值是以實施該政策的實際購買力所決定的。

當然,第一種廢除舊貨幣,其實會打擊國家的自信心,似乎就是對外承認國家破產或信用不佳,因此大部分國家會避免採用此種方式。接下來只剩下第二或第三種選擇,也就是恢復幣值與貶值。

在上述兩種方式中,各國更傾向第二種,因為恢復幣值就像是回歸到原始幣值,而貶值則更像是一種變相的廢除貨幣。簡單來說,前者是「回歸正常」,而後者像是一種不正常狀態的永久持續。

英國商界對於當時能將1英鎊最低兌換3.70美元,提升至4.8667美元,頗引以為傲。至於義大利則是放棄將1里拉兌換19.3美分的價值,寧願固定在1里拉兌換5.26美分的水平(也就是19里拉兌換1美元)。

戰前的「常態」

不管是英國還是義大利，就商品的購買力而言，都未真正回到戰前的水準。前面提到，1 美元的價值只有 1913 年的三分之二，相對來說，英鎊也只有 1913 年的三分之二。若按照英國人的邏輯，戰前的常態價值才是他們的目標來看，應該將英鎊再提升 50%。

無論從哪個角度來看，我們無法斬釘截鐵的說 1913 年就是常態，那麼往前的 1813 年或 1713 年難道就不是常態了嗎？如果常態真的存在的話，只能說所謂的「常態」就是一種不斷變動、必須持續調整以反映現況的流動目標罷了。

「常態」在形式上唯一合理的解釋就是，政府應有誠信的按照原來的面值贖回紙幣，履行合約或默示合約[3]的義務。如果政府不依照原有紙幣上的條件兌換相當的價值，就算是失職。然而，如果像法國或義大利政府已經連續十多年違反約定、不履行義務，又是另一種情況。

---

3 譯注：默示合約指的是雖無明示的契約，但透過行為或情境推斷出的合約關係，具有法律效力，當事人必須履行其中的義務。

根據約定，理論上，這些政府仍欠每一張紙幣上的「持有人」一個價值19.3美分的金法郎或金里拉，而非今日僅值4或5美分的紙幣。但今日的持有人，並非當初承受幣值暴跌之苦的那一位。這些損失，早已分散在無數「前任持有人」身上——他們手中短暫持有紙幣數日或數週，卻正是在暴跌中蒙受實質損失的人。

如今，向他們逐一賠償已不大可能。若政府認為在事隔多年後，想一次性的將損失賠償給現在的持有人，就能彌補「前任持有人」的損失，簡直是荒謬至極。若這麼做，得利的是現任持有人，他們獲得的是四到五倍的價值，遠超過他們的預期，也遠超過他從最後一位持有者取得紙幣時所付出的價值。

如果說搶彼得的錢來付給保羅是不公義的話，那麼搶劫無數個彼得的錢再轉頭付給保羅，也完全稱不上公平。因此從技術層面來看，基於誠信原則而支持「恢復幣值」也是站不住腳。這個問題的確關乎誠信，主要在於實質上，而非形式上的誠信。換言之，政府在發行紙幣所做的承諾，與大眾因信任紙幣而簽訂的各種為數眾多的合約相比，根本是微乎其微，因此，採取「恢復幣值」方法重返金本位制的政府，實際上並沒有真正信守對公眾的

承諾[4]。

義大利曾一度嘗試「恢復幣值」的方法，意圖將里拉從4美分提升至19.3美分，只是當他們強行實施貨幣緊縮拉升到5.5美分時，貿易蕭條與失業接踵而來，以致於當時的義大利首相墨索里尼（Mussolini）放棄這項計畫。倘若他一意孤行，幾乎整個義大利工商界勢必淪於破產與崩潰。

至於法國，便不該再試圖恢復幣值，而應將法郎貶值至其當前購買力附近的水平。

什麼是正常水準？

但貶值到什麼程度才是理想的物價水準呢？一般來說，最合適的水準應該是接近當時的實際購買力，原因在於現今社會上大多數的合約都是近期才簽訂的，並非長期存在，進一步說，即使是較早簽訂的合約，其持有者也多半是近期才以新的條件入手的。舉例來說，一張鐵路債券可能在50年前就已經發行，但目前的持有者很可能是在昨天才以完全不同的價格購入，因此，今日

4　譯注：強行讓貨幣升值也可能讓大眾所簽訂的各種合約蒙受損失。

的貨幣變動只會影響到目前的持有者,而已持有50年債券的人則不會受到影響。這些很早就持有債券的人就像是前面提到的紙幣持有者一樣,幾乎都無法聯繫了。簡單來說,我們無權為了幫助這少數人,便設計出損害大多數人利益的標準與規則。

理論上,我們可以更精準的計算出,現今債券持有者以及其他以貨幣計價的合約或協議持有者,取得這些資產的平均價格水準,但這種計算的實際結果,與現有的購買力水準不會有太大的差異。

事實上,一旦我們允許通貨膨脹或通貨緊縮發生,就很難徹底根除由此產生的弊病。即使是為了緩解弊病而推出的「農業救濟」(farm relief)[5]似乎也行不通。縱使事後的「緩解」是困難的,但如果我們能事先了解並知道如何運用通膨或通縮,還是能有效預防弊病的產生。

國際問題

無論採取何種方法,採用或恢復金本位制顯然只能透過政府

---

5 譯注:為了幫助農民度過難過,穩定收入的相關措施。

行動來完成。接下來的問題是：實施金本位制之後，難道政府就無事可做了嗎？

當所有文明國家再次實行金本位制後，貨幣的穩定就會徹底成為一個國際性的問題。黃金的自由流通能穩定國際貿易，有助於平衡各國的物價水準。每個國家應該，或者說將會意識到實行金本位制，等於是將自己國家的命運置於其他國家銀行與政策的掌控之下。美元在美國的購買力將部分取決於歐洲各國是處於和平還是戰爭的狀態；法郎、馬克、里拉或英鎊在歐洲的購買力，則是取決於美國聯邦儲備系統的行動。沒有其他問題比貨幣穩定更具國際性，因為任何政府或央行所採取的與貨幣相關的政策，都將影響到所有採用相同標準（也就是金本位制）的其他各國。

簡單來說，金本位制就是將所有採取這種制度的各國貨幣儲備連接起來，猶如一根連接管，讓黃金可以自由的來回流動，並尋找其平衡點。在此情況下，英國、美國以及其他所有國家的物價水準會一起上升或下降，而美元、英鎊以及其他貨幣的購買力也會隨著一起變動。這種各國貨幣的連動，就是實行共同金本位制的結果。

未來的黃金問題

然而,金本位制並不能用來防止嚴重的通貨膨脹或通貨緊縮,事實上,它甚至有可能破壞我們在前一章所提到的信用管制。也就是說,金本位制雖然可讓信用管制的影響力擴及到其他國家,但它也可能阻礙信用管制穩定經濟的能力。除非各國政府與央行通力合作,否則信用管制和金本位制有可能互相鉗制,適得其反。

舉例來說,如果十年之後,黃金變得越來越稀缺,導致我們的黃金儲備降低到法定比率之下,那麼即使當時的商業活動需要進一步擴張,法律也會自動禁止擴大信貸。屆時,貨幣的流動變少,也相對限縮一般大眾的需求,物價整體價格因而下降,我們將不可避免的面臨貿易蕭條、失業,以及所有伴隨通貨緊縮所帶來的負面效果。

這非常危險,也是喬治‧羅伯茲(George E. Roberts,曾任美國鑄幣局局長)等銀行業專家非常關注的問題。這本書的主要目的之一是幫助銀行家、商業人士和經濟學家提前思考如何有效的防止通貨緊縮或通貨膨脹產生的災難。舉例來說,通貨膨脹可

第 8 章 政府能做什麼？

能會造成大量黃金湧入，而讓該國的信用管制措施失效。

以人類的經濟活動來看，通貨緊縮或通貨膨脹是必然會發生的現象，並產生災難性的影響，因此，我們越早預測並採取防範措施，就能爭取更多的應對時間。

事實上，正如讀者可能已經推斷出的，過去幾年我們所享有的穩定，是源自一個特殊的機遇。這個機遇來自於適當的剩餘黃金儲備所創造的，這種剩餘的存量可以暫時忽略，因而提供了一個緩衝空間，在此範圍內，信用管制不受阻礙，換言之，我們可以在此限度內自由管理貨幣。這種高於法定比例的黃金儲備，卻又還不至於多到難以管理的情況是前所未有的，但也很難持久或再次出現。如果我們希望這種好處永久流傳，就必須確保金本位制具有足夠的彈性，以便透過信用管制來穩定物價水準。簡單來說，黃金管制的本質就是防止黃金阻礙信用管制的措施。

疏忽帶來的危險

危險常常發生在我們可能只依靠運氣，而不是提前規劃如何管制黃金。這種危險之所以嚴重，有三個原因：(1) 存在「貨幣幻覺」，使得大多數人沒有意識要防範通貨膨脹或通貨緊縮的問

題；（2）認為金本位制應該讓它自動運作，政府不應該介入；（3）盲目相信這種「舊式金本位制」的益處，而不願對其進行任何新式的改革。

解決這個問題的首要障礙——「貨幣幻覺」，當然就是本書始終談論的主題。

「自動運作」的金本位制

至於第二個觀點，也就是認為政府應該讓金本位制「自動」運作，即使會導致貨幣不穩定（事實確實如此），也完全不需要任何立法行動輔助。我們認為，政府最明顯且最重要的職責莫過於維持各種衡量單位的穩定。我們設有標準局來確立長度、重量、體積、電力以及商業上使用的各種單位標準，但唯獨最重要、使用最廣泛的價值單位除外。美國聯邦憲法授權國會「鑄造貨幣，並對其價值以及外國貨幣價值進行監督，同時確定度量衡的標準。」

近來有種說法指出，我們的物價水準與金本位制應該交由供需系統的「自然」運作，而不是受到「人為」的介入。然而，所有的度量單位都是「人為」設定的，沒有什麼是「自然」產生

的，當然在金本位制下的1美元也是由人為設定為23.22格令。事實上，將貨幣價值直接與黃金重量掛鉤，是一種「非自然」的人為做法，這麼做也會介入市場供需而影響黃金的價格。如果要講求自然，那麼黃金的價格應該像白銀一樣浮動，而不是被固定在每盎司20.67美元的數字上。

再者，認為現今的金本位制可以自動運作的想法是錯誤的。正如今日所見，黃金的價值與流動更多受到銀行政策的影響，而非其他傳統層面，如製作金牙、鍍金相框、金錶、戒指或首飾等。簡單來說，相較於黃金在金融領域的重要性，這些傳統用途顯得微不足道。

正如曾任英國財政大臣的雷金納德・麥克納（Reginald McKenna）所言，現在世界上似乎是由信用管制掌控的「美元本位制」（dollar standard）為主，而不是像傳統的金本位制，由黃金儲備決定。如果英國人在採用他們認為是自動運作的金本位制時意識到這一點，他們是否還會樂於採用這種做法值得商榷。因為他們真正做的是以美國管理的標準取代了由英國管理的標準；換言之，他們不信任英國政府能穩定英鎊，卻信任美國聯邦儲備系統能管理信用管制，讓美國及世界各國的貨幣保持穩定。

如今，我們已經擁有人為的決定權，可控制，或者說能夠影響物價指數；同時，我們也應該慶幸，我們現在已經不用再依賴自動運作的金本位制了！

唯有透過謹慎實施決策權，才能期待有朝一日能完全穩定美元的價值。當大眾理解這個問題的本質之後，就能督促政府保護美元，就像是維護各種度量衡標準一樣。

黃金傳統

接下來要討論第三個障礙，也就是盲目相信「舊式金本位制」的益處。先看看歷史告訴我們什麼。認為黃金有益無害的觀念源自於拿破崙戰爭時期，主要依據1810年金塊委員會（The Gold Bullion Commission）一份提交給英國議會的報告。這份報告首次深入從經濟學的角度分析貨幣對於物價與匯率變化的影響，並探討了貨幣與貨幣制度之間的關係。

正如預期，報告指出，大部分出席聽證會的相關人士是如何被本書所提到的「貨幣幻覺」所蒙蔽。這些人認為，以紙幣計算，黃金金塊價格是上漲是由於黃金的稀缺性，因為在拿破崙戰爭期間大量黃金被拿去支付軍隊開銷，再加上「一般民眾恐慌、

第 8 章 政府能做什麼？

缺乏信心，導致了囤積黃金的行為，更加劇了黃金的短缺」。

舉例來說，當時英國央行，也就是英格蘭銀行的副行長約翰・皮爾斯（John Pearse，後來擔任行長）曾在聽證會報告：「我無法理解紙幣的發行量如何能影響黃金價格或匯率的狀況，因此我個人認為這兩項因素並不是減少紙幣發行的理由。」

在聽證會過後，金塊委員會詢問央行行長約翰・惠特摩（John Whitmore）是否也持相同的看法。惠特摩回答：「我十分認同皮爾斯的看法，我真的不認為有必要在進行放貸時，需要考慮黃金價格或匯率⋯這不是說在一般性放貸時才不考慮這些，而是認為這根本毫無關聯。」另一位銀行董事傑利米亞・哈曼（Jeremiah Harman）也在會中表達了他的意見：「我也不認為紙幣發行會受到黃金價格的影響」。委員會隨後表明，「這種理論，也就是紙幣發行量與黃金價格沒有任何關係，是極其錯誤的。」

這段歷史很有趣，顯示了當時主要銀行家都不是金本位制的捍衛者，而是紙幣本位制的忠實支持者。

《金塊報告》（*The Bullion Report*）在當時對貨幣供給和價格問題提出了最為周詳的思考，時至今日，這份報告仍可用來回擊那些主張無限制，也不需管制紙幣發行量的人。但以當時來看，

這是一份革命性的文件,它闡明黃金價格上漲是因為紙幣價格低落,更指出黃金比紙幣更適合作為貨幣的標準。

固定重量的迷思

黃金比紙幣更適合作為貨幣的標準,這個觀念在今日已被視為理所當然的事。現今,銀行家與商界似乎不再抗拒這項結論,但其中某些人還是拒絕在此基礎上所發展的進一步結論,他們認為金本位制似乎就是貨幣發展的最終型態。《金塊報告》代表了拿破崙戰爭時期穩定貨幣理念的高峰。但經過世界大戰之後,我們應該利用當時所沒有的工具:指數數據(index number),在穩定貨幣方面更往前邁進一步。藉由指數,我們可建立一種商品本位制,這種進展就猶如當初從紙幣本位制進步到金本位制一樣。

然而,歐洲各國在世界大戰脫離金本位制之後,戰後自然是想再回歸到金本位制。他們認為這比他們的紙幣本位制要好得多,同時也更加熟悉。

那麼,當黃金儲備降到法律限制,導致信用管制受限,或者從另一方面來看,當黃金過剩時,又要如何處理呢?

如果未來有一天,無論是十年或五十年後,當所有超出黃金

儲備法定限額的餘裕或彈性都消失殆盡,並且無法再基於現有儲備建立更多信貸時,除非採取積極行動來阻止這種弊端,否則通貨緊縮將再次降臨。或者,若出現另一種極端狀況,黃金過剩,除非我們能預先阻止,否則通貨膨脹也將隨之而來。無論是哪一種情況,即便全世界銀行都已用盡各種方式,信用管制還是會崩潰。難怪聯邦儲備系統的領導人也不敢承擔維持美元穩定的責任。

屆時,我們應該會不可避免的再度陷入自動金本位制的泥沼,因為我們將無力決定它會帶領我們走向何方。這又將回到過去那種充滿隨機,猶如機會主義的標準。

延遲解決方案

我們可以藉由不同方式來延遲這個悲慘的日子來臨。目前看來最可行的辦法,就是熱那亞經濟與金融會議(Genoa Economic Conference)所通過的決議:節約黃金,也就是減少對黃金的需求。

可以透過以下四種方式節約黃金:

1.將黃金從流通市場回收至銀行,尤其是中央銀行。許多國家在戰後,如歐洲各國、英國、印度等其他國家都已經這麼做了。而在美國,就是讓黃金券(gold certificates)從流通市場中

退出，並以聯邦儲備券（Federal Reserve notes，即美元紙鈔）取代。以往發行黃金券需要百分之百的黃金儲備[6]，而聯邦儲備券只要百分之四十的黃金儲備即可。若像英國、印度停止發行金幣，而以金條取代，也有助於減少黃金在市場上的流通。

2. 黃金儲備可以像美國一樣，集中在中央銀行。

3. 運用黃金匯兌本位制。與直接金本位制要在本國存放與貨幣相當的黃金相比，實施黃金匯兌本位制可大幅減少存放黃金的數量。換言之，我們只要在國外儲備較少的黃金，利用外國貨幣與黃金的匯兌，就可維持本國貨幣與黃金平價。

4. 建立國際清算系統。一個國際清算系統可以免除債務國得大量運送黃金至債權國，這就像城市裡的銀行清算所系統一樣，債務銀行不用再以黃金支付，並運輸至債權銀行。

正由於歐洲在一定程度上採用了上述這四種方法，才可避免各國對黃金的「爭奪」。同時，也再次證明，熱那亞經濟與金融會議所倡議的原則具有巨大的實際價值，這項原則奠定了黃金管制的開端，就如同開啟信用管制的開端一樣。

6　譯注：每發行一單位的貨幣，發行機構就要有等值的黃金作為擔保。

第 8 章 政府能做什麼？

最近重新回到金本位制的歐洲和南美洲諸國，特別是那些經過「國際貨幣醫生」甘末爾教授指導的國家，都採納了黃金匯兌本位制，並將其黃金儲備存放在紐約。

另一方面，如果黃金過剩，則可採取相反的補救方式，亦即用金本位制取代黃金匯兌本位制。舉例來說，可以將存放在紐約的黃金再分散到各自的國家，或是從中央銀行分散至其他的商業銀行，甚至是把黃金從銀行分散至個人的帳戶或口袋。每一次這樣的分散都需要更多的黃金，正如在相反的情況下，每一次集中都需要更少的黃金一樣。

這種集中或分散儲備的手段，如果運用得宜，在現在，或可見未來一段時間都能達到我們的目的。黃金儲備既不至匱乏，也不至過剩，進而為信用管制提供足夠的彈性與靈活度。

另一種方式，或者說是上述方法的另一種特殊形式，就是向上或向下調整儲備比率，即使最後有可能調至超過100%或甚至低於1%，但仍不失為是一個方法。若在黃金儲備量過少的情況，就不可能維持即時兌換黃金的需求。假設兌換黃金要提前三個月通知，那麼儲備比率就可下降，依此類推，當通知的月份無限期的增加，最後黃金的兌換將會完全消失。不管我們先前有多

熱愛金本位制，最終還是有可能漸漸地或突然被引導到放棄這種制度。

一位著名的經濟學家最近告訴我，他曾與一些商界朋友討論，這些朋友都表示無法「看見」穩定。經濟學家說：「好吧，假設某些德國人開始合成黃金，或是從海水中提煉出黃金，且這些方法是有利可圖的（事實上，這兩種方法已經宣告失敗），全世界都面臨黃金泛濫的威脅，變得像泥土一樣廉價，那個時候你們會怎麼做？」

他們回答，不知道。

「好吧，」這位經濟學家接著說，「我告訴你們，你們會怎麼做。當你看到這種緊急的狀況，首先你會讓各國政府關閉鑄金廠，就像印度在1893年關閉鑄銀廠一樣。這麼做，就是為了防止通貨膨脹。那麼情況就會開始『穩定』。或許後來黃金又開始短缺，你將會再度開放鑄金廠，或是某部分鑄金廠，也或許你會降低金幣的重量，總之救會運用各種方式來防止通貨緊縮。所謂『穩定』，不過就是防止通貨膨脹與通貨緊縮罷了。」

「你們之所以為金本位制度辯護，是因為它能使我們免於紙幣通膨的禍害。一旦你們意識到金本位制並不能完全防止通貨膨

脹或通貨緊縮的發生,我相信你們一定會採取各種手段來挽救局面,甚至不惜放棄金本位制。」

黃金問題的可能解決方案

但如果我們還是保留金本位制,即使是以弱化的方式存在,也可能面臨不穩定的狀態,除非我們能對黃金儲備系統與信用管制進行有效的管理與控制。

最容易理解的黃金管制計畫是由幾位經濟學家提出的,特別是由已故的南非教授萊費爾特的計畫。他建議可透過國際組織,例如國際聯盟(League of Nations)[7]對各國金礦的管制。當黃金過少,而無法支持世界各國商業所需的信用結構時,即使虧本也應該生產黃金;另一方面,當黃金過剩時,則應該削減黃金的產量。

可以肯定的是,一個具有國際聯邦儲備局屬性的機構絕對可以更準確的了解,各國商業對黃金的需求,會比那些以追求利潤為主的金礦擁有者要好得多。

另一項計畫則是由幾位經濟學家提出,其中也包括我的計

7　譯注:第一次世界大戰後,在巴黎和會上所組成的跨國組織,也就是聯合國的前身。

畫，主要記錄在我的著作《穩定美元》(Stabilizing the Dollar) 書中。根據這項計畫，我們不干預黃金生產，但會不時的改變美元的含金量。如此一來，黃金將像現在一樣，價值自然波動，但美元的購買力還是能保持恆定。黃金只會以「金塊美元憑證」的形式在市場中流通。100美元的憑證可以兌換成價值100美元的金塊，但會依照兌換當時的法定重量為主。而這個重量也會根據指數定期調整，讓美元的購買力保持不變。這項計畫被稱為「補償美元」[8]計畫，類似於「補償鐘擺」[9]的原理。

這項計畫透過戈爾茲伯勒議案（Goldsborough Bill，戈爾茲柏勒是當時的眾議員）在國會中提出，並舉行了廣泛的聽證會。當時，也有另一項與此非常類似的計畫，是由北達科他州的眾議

---

[8] 譯注：作者於另一本著作《貨幣購買力》(The Purchasing Power of Money) 一書也提到補償美元：「與其放任貨幣的購買力上下浮動，不如透過調整美元的含金量來維持其穩定。所謂『補償性美元』，是一種『反向調節』的制度安排。透過調整美元的含金量，來抵消物價及物價指數的波動，來穩定貨幣的購買力。其與傳統金本位制度的差異如下：
 • 傳統金本位：美元之含金量固定，貨幣購買力則隨金價波動而不斷變動。
 • 補償性美元：美元之含金量可調，調整幅度是依據物價水準，目的在使購買力保持穩定。」

[9] 譯注：意即透過機械調整抵銷外界干擾，如溫度對鐘擺長度的影響，以維持其振盪週期的穩定。

員威廉・丁尼斯（William Tinnes）透過「伯特尼斯議案」（Burtness Bill，伯特尼斯是另一位眾議員）提出，他們主張透過每日調整美元含金量的方式來達成穩定，並輔以政府公債的買賣作為操作手段。但我認為，這一做法並不恰當。

這些不同的計畫在本書附錄中尚有進一步討論。無論最終採行的是萊費爾特的黃金管制計畫，抑或戈爾茲伯勒議案中所提的補償美元計畫，或甚至是某種更為人接受的替代方案，實際上並無太大差別──只要我們所追求的目標能夠實現，那就是：穩定美元。

唯一能取代管制黃金的辦法似乎就是完全放棄金本位制。屆時，我們應該要以凱因斯（John Maynard Keynes）[10]等人提出的「管理型貨幣」（managed currency）來穩定經濟，或者使用加州大學教授吉伯特・路易斯（Gilbert Lewis）提出的，讓貨幣可兌換一籃子商品來使貨幣市場更穩定。[11]

總體來說，我們可以用至少三種方式來解決即將面臨的黃金

---

10 譯注：英國經濟學家，有總體經濟學之父的稱號。
11 譯注：讓貨幣與多種實際商品的價值相關，不僅可分散風險，也可讓降低單一物品價格波動對貨幣價值的影響。

問題:(1)我們可以像經營中央銀行一樣,為了公眾,而非私人利潤而經營、管制黃金生產;(2)我們可以調整金本位貨幣單位(例如美元)的含金量,減少黃金價格的變化,從而使美元價值穩定;(3)我們可以完全放棄金本位制,改以商品進行兌換,或者採用管理型貨幣。

政府的責任

不管是哪種方式,都需要政府採取行動才能生效。聲稱政府可以建立不變的長度、重量、體積、電力等標準計量單位,但卻無力建立一個標準的價值單位,以取代現在僅是重量單位的美元,這種說法實屬荒謬。美元重量早在1837年就已經固定,但它的價值卻隨著金礦開採和銀行系統的每一次變化而「自動」浮動。這種結果注定產生災難。若政治家能理解價值單位浮動所引發的悲劇,或許我們能夠期待他們可以迅速採取行動,以補救這個缺陷。

如果我們要究責,找出是誰造成美元不穩定的狀態,不用懷疑,答案一定是政府。政府不僅忽略了美元穩定的重要性,甚至可以說是政府在助長貨幣不穩定的狀況。在此,我們暫且不討

第 8 章 政府能做什麼？

論戰爭時期，因為除了避免開戰外，似乎沒有任何方法可以防止戰時的通貨膨脹。但我們知道，在歌舞昇平時期，政府會透過每一次銀行法規的變革或政策來影響貨幣價值，甚至是政府財政方針。當政府本身背負龐大債務時，就更有額外的責任。試想，政府借入數十億美元，然後再讓美元貶值，這根本不是公平的博奕遊戲，而是一種作弊手段。

政府（包括中央、州或地方政府）之所以要承擔道德責任的另一項證據是，許多法規制定的目的是為了公平正義，但前提是要有穩定的貨幣，然而當貨幣不穩定，這些法規反而會造成更多的不公。

我曾經在1917到1920年間，勸告受託人不要投資債券，但他們的回應總是說這是法律規定。這就顯示出，政府的用意本來是想保護寡婦和孤兒的財產，結果卻反而迫使受託人做出實際上會損害這些財產的事情。

在過去，無良的國王和強權政府為了欺騙債權人，會故意貶低國家貨幣。雖然現代政府可能不會這麼惡毒，但實際上所造成的禍害卻遠大於此。

我們之前談過，信託帳戶裡四分之三的本金，是如何在不

知不覺中被通貨膨脹侵蝕掉的；但在法律上，這筆本金卻幾乎沒有任何損失。如果負責處理這些事務的人，像是受託人、律師、立法者以及受益人能夠清楚理解這一點，他們應該會覺得荒謬至極，甚至感到悲哀。

這不只是信託受到影響，儲蓄銀行與保險公司也遭遇法律規範的束縛。這些法律原本是要保障大眾的財產，但如果貨幣價值不穩定，只會帶來負面的效果。難道不該讓政府承擔一些責任，以確保法規政策的助益及有效性，而不是讓情況變的更糟糕。

而當政府制定鐵路費率或公用事業費用時，對股東或大眾產生實際影響，難道也不用擔負責任嗎？當然，在規定最低工資、罰款、處罰、與執照相關的法律時，也可以提出同樣的問題。

最後，請注意，政府的目標是防止契約效力受損，美國的憲法也明文禁止各州這麼做。話雖如此，但「綠背鈔票判決」（greenback decisions）[12]宣稱，聯邦政府在技術上有權力這麼做，

---

12 譯注：「綠背鈔票判決」指的是美國最高法院在19世紀後期關於通貨膨脹和美元貶值的幾個判決。這些判決確認政府在戰爭期間發行的綠背鈔票具有合法性，並且認可政府可以強制性地要求人民接受這些鈔票償還債務，儘管綠背鈔票急速貶值，判決卻認為，政府有權在緊急情況下發行這樣的貨幣，而不必遵循金本位的約束。

第 8 章 政府能做什麼？

尤其是在發行綠背鈔票那個時期，但是在道義上，政府根本不該損害契約的權益。

對於公平正義最基本的要求就是，既然政府已在契約規則中明確規範公正原則，且為了實踐這項原則監管受託人和公共事業，制定費率，限制投資，以及採取其他基於貨幣穩定的措施，就應該信守這些承諾，而不是讓它們淪為虛假的空談。

根本不需要制定新的憲法規定，原有的條款已經賦予國會有權「確定」貨幣的價值。

這句話並未暗示任何特定的貨幣理論。即使那些完全不相信「貨幣數量理論」（quantity theory）[13]的人也會承認，本章（以及前一章）描述的每一種提議，除了管理型貨幣之外，至少都是以穩定貨幣價值的方向前進。

這並不是要發明什麼新的原理，就像政府在迅速設計出測量與固定標準的工具之後，其它度量單位就有了一致的標準。而當我們有了「指數」這個衡量的工具，我們現在要做的就是穩定最後一個度量衡，也就是貨幣單位。

---

13 譯注：一種經濟學理論，認為貨幣供給量是影響物價水準和通貨膨脹的主因。

至少政府可以試著先踏出第一步。每個衡量單位在初始都只是先訂個概略的標準。據說，衡量長度的單位「碼」（yard）最早是表示部落酋長的腰圍，稱為一圈（gird），後來變成亨利一世的手臂長度，接著是一根鐵棒的長度。現在則是比「公尺」（meter）還短一點的長度（公尺就是國際標準局以在恆溫環境下，金屬棒上兩個刻度之間的距離來定義的）。

試想，如果我們今天還是以「一圈」為長度的標準，難道是以美國總統的腰圍為主嗎？如果地毯商以此為交易標準，在簽訂合約時是以塔夫特總統（William Howard Taft）[14]腰圍為主，但在履行合約時則是以現任總統[15]為標準，那生意要怎麼做？

用總統腰圍來來測量長度的確不公平，但與現在因為貨幣價值不穩定所遇到的麻煩相比，似乎是微不足道。

摘要

現在我們可以總結以下發現：

---

14 譯注：根據記載，這位總統的體重一度來到160公斤。
15 譯注：1928年的美國總統是小約翰・卡爾文・柯立芝，體重約在60至70公斤。

1. 不穩定的貨幣問題該如何解決，這是一個至關重要的問題。

2. 因為「貨幣幻覺」，這一切幾乎都被忽略了。

3. 這種幻覺之所以更為嚴重，是因為每個人發現，要擺脫對本國貨幣的幻覺，比對外國貨幣的幻覺要困難得多。

4. 這種貨幣幻覺扭曲了我們的觀點，商品價格看似在上升或下降，但實際上是靜止的；工資看似在上升，但實際上卻在下降；利潤看似存在，但實際上卻是虧損；利息看似獎勵節儉，但實際上卻不存在；收入看似穩定，但實際上卻不穩定；債券投資看似安全，但實際上卻只是對黃金的投機投資。它使重量單位看起來像是價值單位；它隱藏了所謂商業週期的主要原因；它讓政治金融家利用不健全的金融工具，使大眾負擔更重，卻更難以察覺；它導致「逐利者」和「放款人」受到不公正的指責。最重要的是，它掩蓋了貨幣穩定的重要需要，進而阻礙了貨幣穩定的實現。

5. 現今固定美元重量的作法，對於固定價值或購買力是一個非常拙劣的替代方案。

6. 根據實際指數的測量，美元在1865年到1920年之間，幾乎上升了四倍，隨後又回落到原點。

7. 美元的大部分波動發生在美元採行金本位制的時期（1879-

1922年)。

8. 美元波動主要發生在美國的和平時期,如 1879-1898 年、1899-1917 年,以及 1918-1922 年,而其中 1879-1914 年與 1918-1922 年,甚至在美國以外地區並無重大戰爭發生。

9. 這些波動雖然嚴重,但與歐洲千倍、百萬倍、十億倍和萬億倍的波動相比,就顯得微不足道了。

10. 美元升值或貶值的原因是貨幣的通貨膨脹或通貨緊縮。事實上,它不僅僅是「相對」於其他貨幣的通縮或通脹現象,同時也會對於整體經濟產生「絕對」的影響。

11. 如果追溯到通貨膨脹或通貨緊縮的根本原因,貨幣的極端變化主要是人為的,是由於政府的財政,特別是戰爭時期,或是銀行政策、立法所造成的,部分也歸因於金礦的發現或枯竭,以及煉金技術的變化。

12. 貨幣大幅波動所產生的困擾,類似於物理上長度標準常常改變所造成的影響,只是貨幣不穩定所造成的損害是遠超乎想像的,原因如下:

(a) 因為貨幣的使用非常普遍。

(b) 因為合約中會廣泛使用到貨幣。

(c) 因為貨幣價值的上升或下降是看不見的。

13. 這種傷害就如同前面所提及的，社會不斷搶彼得的錢來付給保羅，光是在美國六年就達到六百億美元，這對所有彼得和保羅加總來說都是淨損失。所有金融、商業和工業關係的混亂和不確定性，構成了所謂的商業週期，產生蕭條、破產、失業、勞工不滿、罷工、停工、階級情緒、變質的立法、布爾什維克主義[16]和暴力。簡而言之，對社會會產生三種危害：社會不公、社會不滿和效率低落。

此時此刻，不穩定的貨幣是造成以下現象的根源，同時也提供了部分解釋：

（a）西方農民的不滿，以及對通貨膨脹的憤怒

（b）對公共事業收費的法律產生質疑，例如紐約地鐵5美分票價的爭議

（c）法國的法郎問題

（d）英國和美國的經濟蕭條問題，只是我們的狀況較為輕微

（e）投資顧問成為一種新職業，以及投資信託基金的出現

---

16 譯注：起源於俄國的激進政治運動。

14.若從個人的角度來看，我們可以將帳戶轉換成穩定的美元、嘗試預測美元的價值走向、聘請投資顧問、避免持有過多的債券、分散投資，以及讓合約有調整機制，特別是運用指數作為矯正，進而避開不穩定貨幣所帶來的風險。

15 真正的解決方案在於信用控制和黃金控制。

16.上述這兩種解決方案都有一些先例，例如聯邦儲備系統在買賣證券和調整再貼現率方面的政策，以及歐洲政府節約黃金的政策。

17.許多經濟學家和銀行家現在都從實際的角度來研究貨幣不穩定的問題。

18.這個問題其實由來已久，只是現在以一種新的面貌出現，說穿了，就是如何確保標準更加精確的問題。現在仍舊處於不穩定的狀態的只剩下美元和月份。

總結

現在的當務之急是，那些最關心此事的企業家和銀行家，應就貨幣穩定進行一系列的研究。

或許貨幣穩定的唯一可行方法早已為人所知，但若真如此，

第 8 章 政府能做什麼？

我們仍需從中篩選出最合適、最可行的方案，並確定應使用何種指數來隨時衡量美元的價值，以便有效推進穩定措施。

這些問題不可能只靠學者解決，當然，也不可能只依賴銀行家與商人，因為他們只會接受那些自己曾積極參與制定的政策。

這本書的目的不是要提供任何確實可行的解決方案，而是要讓讀者，尤其是商界人士來思考這個問題。這是一個與大眾息息相關，亟待解決的問題。你準備如何應對？如果你排斥所有的提案，你會就此止步，還是採取任何必要的步驟，以自己的方式來解決問題呢？

這本書要做的，或所要嘗試的就是激發人們解決問題的慾望。過去經驗指出，商人一旦決定支持某種觀念或政策，就會持續下去。正如一位朋友所說，「一旦成為穩定貨幣支持者，就永遠都是這個陣營的人」。而對於少數看到問題及其重要性的幸運兒來說，他們肩負著讓其他人也能看到問題的特殊責任。

每個人都會面臨到這個問題。也就是說，正在閱讀這些文字的你也可能遇到，尤其是在儲蓄或投資、借貸、購買壽險，以及打算將財產留給子女時。貨幣不穩定可能會讓你失業或賺到的利潤一掃而空。如果我們不認真看待這個議題，也沒有其他人會關

心，那麼這個造成混亂、像喝醉酒一樣搖擺不定的美元將永遠伴隨著我們。它代表了一個巨大的錯誤，只要每個人都抱持「這是大家的事，與我無關」，把它交給別人處理，這個錯誤就永遠無法修正。

我們必須將穩定美元的這項重大責任，從無人負責的狀態，轉變為有明確責任歸屬的狀態。

過去幾年，雖然貨幣穩定的初步成果尚且粗糙，但這些成果已經對我們每個人帶來了實際的好處，不僅提高了國家的總收入，也在一定程度上保障了個人的公平與正義。我們應當繼續維護這些成就，並爭取更大的進展。簡而言之，貨幣穩定將為我們的經濟生活開啟一個嶄新的時代。

當然，穩定的貨幣並非萬能的解決方案，可以一勞永逸的解決所有商業問題，就像已經標準化的容量單位，如蒲式耳量具不是靈丹妙藥一樣。然而，除了減少社會不公義、社會不滿和社會低效率之外，穩定的貨幣還會間接地幫助解決其他重大的問題，讓我們更容易了解事實，不會被假象所迷惑。在針對所謂的弊端採取行動之前，必須先找出事實；但是美元的波動掩蓋了事實，蒙蔽了大眾的眼睛。而在民主政府形式下，選擇一種或多種補救

辦法來解決弊端才是大眾的責任。美元的波動讓我們難以看清現實，唯有擁有穩定的美元才能讓我們更了解實際的經濟狀態。

這並非誇大其詞，穩定的貨幣將直接或間接地實現社會正義，並解決我們在工業、商業和金融方面的問題。我相信，雖然有其他改革可能比這個更重要，但就經濟層面來說，這個問題應該位列第一。當我們真正擁有穩定的貨幣單位時，我們才能迎來歷史上最偉大的經濟福祉。

附錄一
貨幣穩定計畫之概述

信用管制

　　信用控制始終是任何穩定計畫中的關鍵環節。如前所述，聯邦儲備系統已朝此方向有所行動。有些讀者或許會希望更明確地了解，聯儲系統為實現穩定所採行的具體作法。

　　目前聯邦儲備系統的實際作為，最詳盡的記載可見於紐約聯邦儲備銀行助理聯邦儲備代理人蘭道夫・伯吉斯（W. Randolph Burgess）所著之書，及同銀行總裁班傑明・史壯（Benjamin Strong）於〈史壯法案〉國會聽證會中的證詞。這兩份資料均列於隨後的閱讀清單中。在此，我們僅能概略說明其政策所發揮的基本影響力。

聯邦儲備系統如何運作

聯邦儲備系統主要透過以下五種方式發揮影響力：

1. 透過公開市場委員會買賣政府證券，確保十二家聯邦儲備銀行的協同合作，實現一致行動。

2. 透過提高或降低再貼現貸款利率，為數以千計的成員銀行提供資金支持。

3. 透過黃金券與聯邦儲備券的兌換（黃金券由黃金全額擔保，100%金本位；聯邦儲備券僅有40%以黃金擔保），靈活調控黃金儲備進出市場，從而調整黃金儲備比率，降低因儲備過多引發通脹，或儲備過少導致緊縮的風險。只要黃金儲備比率保持在法定比率以上，且不過高，即可不予過度關注，因為此範圍內的變化對經濟影響微小。

4. 透過對銀行，特別是聯邦儲備成員銀行的道德勸導，促使銀行共同調整貸款擴張或收縮的步伐，這是透過聯邦儲備銀行的聯絡人來實現的。

5. 透過聯邦儲備局與銀行公布統計資料，向公眾提供有關經濟狀況的資訊，增加市場透明度。

在這五種方法中,前兩項已付諸實行,這也正是許多經濟學家早已提出的構想。舉例來說,英國經濟學家阿爾弗雷德‧馬歇爾(Alfred Marshall)早在1887年便闡明了第一種方法背後的經濟原則,並提出了許多穩定貨幣的建議。至於第二種方法,瑞典的卡塞爾教授自1914年以來便在其《貨幣與匯兌》(*Money and Exchange*)一書中大力倡導,而我本人也在《穩定美元》一書中進一步加以論述。

黃金控制

假設金本位制度仍將維持,僅依靠信用控制無法長期保持貨幣穩定,還需要進行黃金控制,以避免信用控制的目標與法律對黃金儲備的要求之間發生衝突。目前提出的黃金控制計畫可分為兩大類:(1)控制黃金生產量,(2)控制每美元所含的黃金重量。

萊費爾特計畫

萊費爾特教授所提出的方案,是第一類構想的最佳代表。他在《恢復世界貨幣》(*Restoration of the World*)一書中主張,由一個多國聯合組織對黃金生產加以管控:

「這個聯合組織其實無須太過龐大,因為光是大英帝國與美國,便已供應全球超過五分之四的黃金產量。倘若這兩國聯手調節供應,即使其他產金國拒絕加入,這個組織所面臨的麻煩也不會比鑽石聯營組織(Diamond syndicate)[1]對付河床掏鑽者時更棘手。我們之所以這樣舉例,只是為了說明,建立此一聯合體,並非難事。不過,若能納入所有產金國,當然更為理想——墨西哥與俄羅斯是接下來最重要的兩個;更進一步,若能組成一個真正的國際性機構,那自然是最佳安排。畢竟,所有國家都參與國際貿易,而既然要採行金本位,也就應該一同承擔調節金本位體系的責任。」

「要執行這樣的控制政策,需要一個由相關國家所指派的委員會。在此我們不詳論該委員會的組成,只略作一言:有了國際聯盟的設立,達成協議應會比以往容易得多;然而,這並非屬於經濟學的範疇。」

---

1 譯注:由少數幾個大型鑽石企業,特別是戴比爾斯 De Beers 所主導的壟斷性機構,它們聯手控制鑽石的產量與價格,以左右市場供需。

「委員會之下,將設立一個科學局與一個行政局。科學局的任務,是蒐集支撐委員會決策所需的資料,其內容包括:(1)各國的貨幣與銀行統計,(2)特定市場的價格統計,(3)對既有金礦的地質構造與開採情況的資訊,(4)關於金礦土地的法律與財務制度,以及礦業公司之經營狀況。這類工作已有相當基礎,無須再贅述。」

「委員會的行政職能,將主要透過各參與國政府的協作來實施。除非委員會決定自行購買並經營礦山,否則初期無需編制龐大的行政人員。」

「委員會的目標,在於預判價值的變動,並以審慎而有效的行動加以調節,而非任由市場力量緩慢發揮作用,自行停止或逆轉趨勢;換言之,是主動擔任一個調控者的角色。」

「為達成此一目標,在物價上升期間,可以關閉部分生產效率低落的礦場,並阻止新礦場的開發。這類政策需支付補償金,委員會須動用成員國提供的資金,購併其決定關閉的礦場。此類政府介入已有諸多先例,產金國政府理應加以配合;況且產量低的礦場本就價值有限,其

股份通常可低價收購。」

「當必須採取此類措施時,勞工亦應獲得補償。委員會不妨參考瑞典政府處理菸草專賣制度時的作法——當時關閉了若干菸廠,並向失業工人發放補償金。於失業期間提供適度補償,成本並不高,卻可有效減少不滿與動盪。」

「要取得可供開發的新礦地或許更為棘手,但並非不可行。委員會,或是相關國家政府,可購買那些已證實蘊藏可採礦脈的土地,並設立獎勵制度,以促進新礦源的發現。上述措施皆屬資本投資,旨在為未來有必要擴大產量之時預作準備。」

「在目前已知但尚未開發的礦區中,最具潛力者為威特沃特斯蘭德東端地帶。由於該地為南非政府所有,其開發安排亦較易處理。」

「金礦的壽命有限;過度開採之後,勢必迎來枯竭。因此,在物價上漲時期所建議的政策,其實算不上昂貴,反倒是一項極佳的投資。日後,當黃金產量不足以應付商業需求時,委員會可採取下列幾種應對短缺的方式:

（a）開發那些委員會早已取得、但一度中止作業的土地。為此所需資金，委員會亦可籌得。

（b）鼓勵系統性的勘探，以期發現新的礦脈。

（c）推動研究與改良黃金提煉技術。

（d）推動以紙幣替代黃金的實際應用。

上述方案主要著眼於黃金供給的調節；至於從需求面著手，則僅在提及以紙幣替代黃金時略有觸及。然而，僅靠調節供應恐難奏效，或許還必須審慎調整實際流通黃金的數量，與其所支撐的各類紙幣之間的比例。」

補償美元計畫

下列的這項計畫則可稱為「我的計畫」，原因在於我在《穩定美元》一書中對其有最詳盡的闡述。然而，整體構想中只有一項內容是他人未曾預見的：設立條款，用來預防黃金投機行為造成國庫的損失。至於計畫的核心理念，早已有西蒙·紐科姆（Simon Newcomb）、阿爾弗雷德·馬歇爾（Alfred Marshall）及其他幾位學者提出過類似構想。

關於此一計畫的支持與反對理由，可參閱閱讀清單中所列之

附錄一　貨幣穩定計畫之概述

戈爾茲伯勒議案聽證會記錄。

本計畫的重點如下：

1.廢除金幣，並將現有的黃金券轉換為「金塊美元憑證」（gold bullion dollar certificates），此類憑證持有人可依據政府不時公告的標準，兌換相應重量的金條美元。也就是說，黃金將不再以金幣形式流通，而僅以「黃背鈔票」（yellow backs）[2]的形式存在，也稱之為「黃金存倉憑證」，實體黃金則統一以金塊形式儲存在政府金庫中。

2.為了保障這些金塊美元憑證始終擁有百分之百的黃金儲備做擔保，在美元因含金量調整而導致儲備比例失衡時，政府應適時發行或回收這些憑證，以隨時維持完整的黃金覆蓋率。

3.保留實質上的「自由鑄幣」制度，也就是允許民眾自由將黃金存入政府，並能自由兌回金塊美元憑證。所謂「自由鑄幣」，在實務上意指政府願意無限制地收購黃金，而支付方式則不再是金幣，而是發行「黃背鈔票」，即黃金存倉憑證。此提案

---

[2] 譯注：這些紙幣表面印有文字，表明持有人可以用它們向美國財政部兌換等值的實體黃金。因為背面多印成黃色而得名。

與現行制度的主要差異,在於政府收購黃金時的價格將不再是人為固定的每盎司20.67美元,而是會隨黃金的實際價值或購買力而調整。同樣地,當民眾持憑證要求兌回黃金時,政府也將以變動價格無限制地出售金條。

4. 設計一種理想的「綜合商品美元」(goods-dollar),它是由一組具代表性的商品所組成,在制度起初的時點,這組商品其總價值等於一美元。另外,將這組商品的總價格換算為一個指數(Index),定期(固定期間,例如每季或每年)根據市場行情,記錄表示「綜合商品美元」相對於一金美元的變化。

5. 定期根據指數的變動,調整金塊美元的含金量。每次的調整幅度,都應與指數偏離基準值的程度成比例。簡單地說,這等同於反向地調整黃金的價格:如果商品變貴了(指數上升),就增加金美元的重量(也就是提高它的價值);反之,若商品變便宜了(指數下降),就減少金美元的重量(使它變得不那麼值錢)。

6. 徵收小額「熔鑄費」(brassage),例如1%。也就是說,政府出售黃金的價格將比其購入黃金的價格高出1%,這部分差額即為熔鑄費。此舉的目的是防止有人今天以每盎司20美元向政府購買黃金,然後隔天再以20.10美元的價格再賣回政府,賺取0.1

美元價差的投機套利行為。政府每次調整價格時，漲幅或跌幅都不得超過預定的1%或熔鑄費率。

此計畫的關鍵在於第五項的調節原則，即由物價指數來調整美元的含金量。其意義在於：為了防止金本位下的美元貶值，我們讓它的含金量增加，這相當於承認「貶值的美元其實是重量不足的美元」；反過來，為了防止美元升值，我們則讓它的含金量減少，亦即承認「升值的美元其實是重量過重的美元」。

如此一來，由一籃子商品所構成的「商品美元」之價格指數，相對於金本位下的美元而言，其波動幅度將會大為減少。

在《穩定美元》一書中，我將信用控制放在了附錄中，而非正文。當時，我假設所有銀行，甚至是中央銀行，仍會純粹以私人利益為導向運營。我的目的是讓整個穩定計畫，包括黃金控制和信用控制，能夠「自動」運行，盡可能避免依賴主觀裁決。

然而，正如本書所示，自那時以來，「裁量性」信用控制（discretionary credit control）[3]實際上已開始實行。這一制度若能妥

---

3 譯注：中央銀行或貨幣當局根據經濟情況的變化，自行權衡判斷調整信貸條件與政策，以達到穩定經濟或控制通貨膨脹的目的。

善建構並受到充分保障，將大大簡化並改進幣值穩定的技術，使得「信用控制為主，黃金控制為次」。在這種情況下，雖然伯特尼斯法案（Burtness Bill）所提的「每日調整美元含金量」在技術上可行，實際上卻已無必要。若未建立起權衡性的信貸控制，這樣的每日調整將極可能引發災難。

換言之，若如我最初所設想，將信用控制與黃金控制皆設為「自動運作」，亦即完全排除政策單位的主觀裁量，那麼就會是「黃金控制為主，信用控制為次」，且每一次調整美元含金量時，都應該留有充分的時間間隔（例如至少一個月），以便讓前一次調整產生應有的效果，然後才可進行下一次的調整。

而與我所主張的這種「自動化」（或非裁量式）體系完全相反的，是一種處處依賴裁量決策的權衡性體系。正如兩位英國經濟學家私下建議的那樣，在那樣的體系中，英格蘭銀行及其他中央銀行應可依其判斷，隨時調整金本位貨幣單位的含金量。

幾年前，哈德遜·黑斯廷斯博士（Dr. Hudson B. Hastings）作為波拉克經濟研究基金會（Pollak Foundation for Economic Research）的研究員，耗時八個月研究所有既有的幣值穩定方案。他的結論指出：「補償美元」乃唯一實際可行的設計，而非法定

貨幣（Fiat money）[4]。此方案不僅能在單一國家內長期維持物價穩定，且可在幾乎所有情況下運作無礙，亦無需使一國獨自承擔全球穩定的全部責任。他同時表示，在所有透過國際合作以實現幣值穩定的方案中，補償美元計畫最為實用，成本亦最低。

然而，「補償美元」方案有一項顯著缺點：它極易引發誤解。表面上看來，此方案彷彿是在改變「美元本身」，而非防止其價值波動，因而常令人感到困惑。其所呈現的，也似乎是一種與傳統做法更為決裂的姿態。

相較之下，「萊費爾特計畫」在形式上保留金本位制度，僅於實質內容上予以修正。對於任何企圖贏得輿論支持的改革而言，這項計畫具有關鍵的心理優勢。正如英國表面上仍維持君主制，但實質政體早已轉為民主，藉以維繫人民對君主的忠誠，也就是說國王已幾無實權。同理，或許無需「廢黜黃金之王」，只要使其標準順應商品價格變化，便更易維持公眾對金本位制度的信任。

---

4 譯注：由政府以法令規定其為貨幣者。此類貨幣本身不具內在價值，亦不與任何實體商品（如黃金或白銀）掛鉤，其通行完全仰賴政府信用與公眾信任。

關於這兩種方案的更多利弊分析，詳見拙作《穩定美元》。書中亦討論了加州大學教授吉伯特・路易斯所構想的「商品兌換制度」（redemption in commodities），該構想後來由本人在閱讀清單中所列的一篇文章中作更完整說明。若從政治角度而言，完全脫離金本位傳統尚屬不可行；但就其理論本質而論，該方案或可視為迄今所提出計畫中最具潛力者。此外，書中亦提及其他穩定機制，例如調整黃金儲備比率的規定。

另有一項建議，係由一位加拿大銀行家提出：倘若黃金過度氾濫，以至於聯邦儲備系統在以黃金兌換其盈餘資產（主要為政府公債）時，幾近喪失全部收益性資產，則應由政府出面救援，特別發行新公債提供予聯邦儲備理事會，以換取其所持黃金。如此一來，黃金將由政府持有，而非銀行系統，並可作為「無價值資產」（dead asset）列帳處理。

控制貨物流通

本書專注於探討如何控制貨幣流動。至於控制商品流通的諸多主張，除非其受貨幣流動所間接影響，則不屬本書討論之範圍。我們已見，所謂「商業週期」在很大程度上實為「美元的跳

舞」[5]，而一個更穩定的美元，足以平抑週期波動，進而補救我們長久以來所深受之經濟危機、蕭條與失業等困境。

然而，也有人指出，商業與產業的波動，部分原因並不在貨幣。因此，應對之策亦不必全然限於貨幣領域。倘若本書旨在全盤分析「商業週期」的各個面向，則這些非貨幣性的對策，自也值得詳加論述。

我在原則上贊同經濟研究學者威廉・佛斯特（William Trufant Foster）、經濟學家沃迪爾・卡欽斯（Waddill Catchings）、商人赫伯特・胡佛、經濟學家奧托・馬勒里（Otto Mallery）等人之構想，即藉由有計劃地推動公共工程與企業建設，以吸納過剩之失業人口，進一步削弱週期波動。我亦誠摯支持丹尼森製造公司（Dennison Manufacturing Co.）所致力推行之經營模式改革，意圖降低就業市場的季節性波動。最後，我深信失業保險乃當代產業組織中不可或缺之要素。上述各項改革與本書所倡之穩定購買力之目標，非但無矛盾，反能相得益彰、互為補充。

---

5 譯注：意指就像美元在跳舞般，不停有波動和變化。

附錄二
有待研究之課題

顯然，在任何穩定政策中，都有眾多可行的手段可供採用。如何在其中做出最佳選擇、是否尚有其他尚待發掘並可供運用的手段，以及如何最妥善地組合最終選定的手段，這些都是未來需要研究的課題。

另一個至關重要的問題是：應選用何種最適指數（或一組指數）來指導穩定政策的實施。

例如，該指數應該是批發價格指數、零售價格指數、生活成本指數，還是「一般」價格指數，也就是即涵蓋所有種類商品（包括股票、債券、房地產、租金、運費、工資以及批發和零售商品）的價格指數？

1927年12月在華盛頓舉行的美國統計協會（American Statistical Association）、美國經濟協會（American Economic Association）和穩定貨幣協會聯合會議（Stable Money Association）上，這個問題引發了激烈的討論。參與討論的有耶魯大學的黑斯廷斯教授、國家經濟研究局的威爾福德・金教授、新澤西女子學院（New Jersey College for Women）的米里亞姆・韋斯特（Miriam E. West）、紐約市聯邦儲備銀行的統計員卡爾・史奈德（Carl Snyder）、前美國勞工統計局局長羅伊爾・米克（Royal Meeker）、威斯康辛大學的約翰・康芒斯（John R. Commons）、美國勞工統計局局長（United States Commissioner of Labor Statistics）埃塞爾伯特・斯圖爾特（Ethelbert Stewart），以及我本人在內。

對於何種指數最為適用，意見雖多有歧異，但普遍共識是：無論何種指數，有總比沒有好。

「一般」價格指數與美國勞工統計局的批發價格指數雖相差甚遠，但對照以「戰前美元購買力」來表示的指數，一般指數與後者兩者大致相符。

此外，若實現價格穩定，各種指數之間的一致性將會進一步提高。因為價格與指數波動越劇烈，彼此的差異也越大；反之，價格與指數越穩定，彼此的差異也就越小。

儘管如此，我們仍應力求選出最理想的指數。為達此目的，

有必要進行更深入的技術性研究。

除了指數應該涵蓋哪些領域之外,還有其他技術問題值得探討,包括如何選取最能代表該領域的樣本;如何採用最適當的加權公式,以分配各項商品的相對比重;以及應採用何種比較基期。不過,從實務角度看,這些問題大多可依循既有原則妥善處理。

另一個問題是,我們的指數是否應國際化,並納入各國的代表性商品一併統計。

最後一個問題是,理想的指數應該保持絕對穩定,還是讓價格水平緩慢上升或下降較為理想?特別是,是否應考慮人均實際收入的變化?經濟學家戴維・金利(David Kinley,也是伊利諾大學經濟系主任)曾建議,最佳的指數單位,或許應該設定為國民收入中某個固定比例,藉此反映經濟整體實力的變化。這樣在生產力提升的過程中,價格水平會略微下降,這也符合大多數經濟常態。

這些細節都有待討論及改進,但當前的首要問題是消除劇烈波動。隨著數據和知識的積累,這些細節問題得以解決,可在未來進一步調整。

由此可見,儘管在穩定貨幣的手段和指數上存在廣泛的選

附錄二　有待研究之課題

擇，但對於何為最佳方案尚未達成共識。莫里斯・萊文（Maurice Leven）博士通過向經濟學家發放問卷，調查了他們的觀點，並在1927年12月於華盛頓召開的穩定貨幣會議上報告了調查結果。他發現，在281位經濟學家中，252位認為「穩定價格水平至關重要」；在262位經濟學家中，176位認為應使用「一般」指數，59位認為應使用批發指數，13位則支持使用零售指數；在270位經濟學家中，88位支持以某種方式達成信用管制，70位支持補償美元計畫，27位未表明立場或認為無法做出判斷，53位表示不知道有任何令人滿意的方案，21位提出了其他建議，11位則反對任何方案。

我們所追求的是一個最佳的實用方案，在考量當前世界的現狀、各種傳統與偏見，以及已嘗試的半調子措施後，通過這個方案，我們或許能夠逐步推進，朝向一個最理想、近乎全球的穩定局面。徹底解決此一問題，理應成為經濟學家、工業家、銀行家與政治家們全力投入的課題。

附錄三
閱讀清單

進一步閱讀建議

以下列出的87本書和文章,是從數百本涉及不穩定貨幣主題的書籍和文章中挑選出來的。它代表了各種不同的意見。

本清單中有些是給一般讀者使用的;有些則較為專業;有些則有助於跟進本書中的引文。每份清單均按時間順序列出。

美國書籍和小冊子

- FISHER, IRVING. Stabilizing the Dollar. New York, Macmillan, 1920. xlix, 305 pp.
- SCUDDER, STEVENS & CLARK. Investment Counsel. New York, Scudder, Stevens & Clark, 1922. 48 pp. New Edition, 1927.

- STROVER, CARL. Monetary Reconstruction. Chicago, 133 West Washington St., 1922. 91 pp.
- UNITED STATES HOUSE OF REPRESENTATIVES. Hearing [on the Goldsborough Bill] before the Committee on Banking and Currency of the House of Representatives. 67th Congress, 4th Session, on H. R. 11788. Pt. I. Pp. 1-125. Pt. IL Pp. 125-164. Washington, Government Printing Office, 1923.
- BECKHART, B. H. The Discount Policy of the Federal Reserve System. New York, Henry Holt & Co., 1924. 604 pp.
- SMITH, EDGAR LAWRENCE. Common Stocks as Long Term Investments. New York, Macmillan, 1924. ix, 129 pp.
- CARR, ELMA B. Bulletin of the United States Bureau of Labor Statistics, No. 369. The Use of Cost-of-Living Figures in Wage Adjustments. Washington, Government Printing Office, 1925. v, 506 pp.
- GRAHAM, MALCOLM K. An Essay on Gold Showing Its Defects as a Standard of Value and Suggesting a Substitute Therefor. Also a Translation of The Death of Gold by Gugliemo Ferraro.

Dallas, Texas, Hargreaves Printing Co., 1925. 198 pp.

- UNITED STATES HOUSE OF REPRESENTATIVES. Hearings [on the Goldsborough Bill] before the Committee on Banking and Currency of the House of Representatives. 68th Congress, 1st Session, on H. R. 494. Washington, Government Printing Office, 1925. 94 pp.
- VAN STRUM, KENNETH. Investing in Purchasing Power. Boston, Barron's, 1925. 248 pp.
- KEMMERER, E. W. Reports submitted by the Commission of the American Financial Experts. Maps and charts. Report on the Stabilization of the Zloty. Pp. 3-48. Warsaw, Ministry of Finance, 1926. 364 pp.
- DICK, ERNST. The Interest Standard of Currency. Boston and New York, Houghton Mifflin Co., 1926. 286 pp.
- SODDY, FREDERICK. Wealth, Virtual Wealth and Debt. New York, E. P. Dutton & Co., 1926. 320 pp.
- BURGESS, W. RANDOLPH. The Reserve Banks and the Money Market. New York, Harper & Brothers, 1927. xxi, 328 pp.

- UNITED STATES HOUSE OF REPRESENTATIVES. Stabilization. Hearings [on the Strong Bill] before the Committee on Banking and Currency of the House of Representatives. 69th Congress, 1st Session, on H. R. 7895. Part I. Pp. 1-631. Part II. Pp. 633-1145. Washington, Government Printing Office, 1927.

美國期刊

- NEWCOMB, SIMON. The Standard of Value. The North American Review, September, 1879. Pp. 234-237. New York, North American Review Corporation, 1879.
- CLARK, J. M. Possible Complications of the Compensated Dollar. American Economic Review, September, 1913. Pp. 576-588. Cambridge, Mass., American Economic Association, 1913. FISHER, WILLARD C. Tabular Standard in Massachusetts History. Quarterly Journal of Economics, May, 1913. Pp. 417-451. Cambridge, Mass., Harvard University Press, 1913.
- TAUSSIG, F. W. The Plan for a Compensated Dollar. Quarterly Journal of Economics, May, 1913. Pp. 401-416. Cambridge,

Mass., Harvard University Press, 1913.

- FISHER, IRVING. Objections to a Compensated Dollar Answered. American Economic Review, December, 1914. Pp. 818-839. Cambridge, Mass., American Economic Association, 1914.
- TINNES, D. J. An American Standard of Value. American Economic Review, June, 1919. Pp. 263-266. Cambridge, Mass., American Economic Association, 1919.
- AMERICAN BANKERS ASSOCIATION. Report of the American Bankers Association Currency Commission on Dr. Irving Fisher's Plan to Stabilize the Dollar. Journal of the American Bankers Association, November, 1920. Pp. 239-240. New York, American Bankers Association, 1920.
- ANDERSON, B. M. JR. The Fallacy of "The Stabilized Dollar." - Chase Economic Bulletin, August, 1920. Pp. 1-16. New York, Chase National Bank of the City of New York, 1920.
- SNYDER, CARL. The Stabilization of Gold, A Plan. American Economic Review, Vol. XIII. Pp. 276-285. Cambridge, Mass., American Economic Association, 1923.

- FOSTER, WILLIAM T. AND CATCHINGS, WADDILL. Business Conditions and Currency Control. Harvard Business Review, Vol. II. Pp. 268-281. Cambridge, Mass., Harvard Economic Service, 1924.

- ANDERSON, B. M. JR. The Gold Standard versus "A Managed Currency." Chase Economic Bulletin, Vol. V. Pp. 3-39. New York, Chase National Bank of the City of New York, 1925.

- BURGESS, W. R. What the Federal Reserve System has done to our Currency. American Bankers Association Journal, Vol. XVII. Pp. 599-601. New York, American Bankers Association, 1925.

- BURGESS,W. R. How the Mechanism of the Federal Reserve Prevented a Gold Inflation. American Bankers Association Journal, Vol. XVII. Pp. 729-731. New York, American Bankers Association, 1925.

- FISHER, IRVING. Our Unstable Dollar and the So-Called Business Cycle. Journal of the American Statistical Association, June, 1925. Pp. 179-208. Concord, New Hampshire, Rumford Press, 1925.

- SHAW, A. VERE. Elements of Investment Safety. Harvard Business Review, July, 1925. Pp. 447-455. Chicago, A. W. Shaw Co., 1925. Separate reprint.
- WILLIS, H. PARKER. The Present Relationship between Credit and Prices. Proceedings of the Academy of Political and Social Science, January, 1925. Pp. 111-131. Philadelphia, Pa., Academy of Political and Social Science, 1925.
- FISHER, IRVING. The Greatest Public Service Organization in the World. American Bankers Association Journal, December, 1926. Pp. 438-440. New York, American Bankers Association, 1926. Separate reprint.
- LOMBARD, NORMAN. Judicial Salaries and the General Price Level. Illinois Law Review, Vol. XXI. Pp. 312-315. Chicago, Ill., Northwestern University Press, 1926.
- COMMONS, JOHN R. Price Stabilization and the Federal Reserve System. The Annalist, April 1, 1927. Pp. 459-462. New York, New York Times Publishing Company, 1927.
- KING, WILLFORD I. The Movement for Sound Money. Bur-

roughs Clearing House, October, 1927. Pp. 5-7, 44-51. Detroit, Mich., Burroughs Adding Machine Co., 1927.

· COMMONS, JOHN R. Farm Prices and the Value of Gold. North American Review, January, 1928. Pp. 27-41. February, 1928. Pp. 196-211. New York, North American Review Corp., 1928. Separate reprint, 32 pp.

· ROBERTS, GEORGE E. The Gold Movement and its Effect on Business. Forbes Magazine, February 1, 1928. Pp. 18-20, 40. New York, B. C. Forbes' Publishing Company, 1928.

· STRONG, JAMES G. Speech in the House of Representatives, March 17, 1928. Pp. 5098-5103. Congressional Record, Washington, D. C, March 17, 1928.

· HARWOOD, E. C. The Probable Consequences to our Credit Structure of Continued Gold Export. The Annalist. March 23, 1928. Pp. 523-4.

· DUBRUL, ERNEST F. Unintentional Falsification of Accounts. National Association of Cost Accountants Bulletin, Vol. IX. Pp.

1035-1058. New York, National Association of Cost Accountants, 1928.

· SATURDAY EVENING POST. Editorial, Income Versus Purchasing Power. Curtis Publishing Co., Philadelphia, April 7, 1928.

外國書籍和小冊子

· NICHOLSON, J. SHIELD. Inflation. London, P. S. King & Son, Ltd., 1919. iv, 143 pp.

· CASSEL, GUSTAV. The World's Monetary Problems: Two Memoranda (for the League of Nations). London, Constable & Co., 1921. 154 pp.

· CASSEL, GUSTAV. Money and Foreign Exchange after 1914. New York, Macmillan, 1922. vi, 287 pp.

· BELLERBY, J. R. Control of Credit as a Remedy for Unemployment. London, P. S. King & Son, Ltd., 1923. 120 pp.

· HAWTREY,R. G. Monetary Reconstruction. London, Longmans, Green & Co., 1923. vii, 147 pp. LEHFELDT, R. A. Restoration of the World's Currencies. London, P. S. King & Son, Ltd., 1923.

xi, 146 pp.

- INTERNATIONAL LABOUR OFFICE. Unemployment, 1920-1923. Studies and Reports, Series C, No. 8. Geneva, 1924. 154 pp.
- KEYNES, J. M. Monetary Reform. New York, Harcourt, Brace & Co., 1924. viii, 227 pp.
- BELLERBY, J. R. Monetary Stability. London, Macmillan & Co., 1925. 174 pp.
- GESELL, SILVIO. Die natuerliche Wirtschaftsordnung durch Freiland und Freigeld, Eden-Oranienburg bei Berlin, Freiland-Freigeld Verlag, 6th ed., 1925. 408 pp. The American edition will appear in the course of this year.
- KATZENELLENBAUM, S. S. Russian Currency and Banking, 1914-1924. P. S. King & Son, Ltd., London, 1925. 198 pp.
- CANNAN, EDWIN. Money, its Connexion with Rising and Falling Prices. 5th ed. Revised. London, P. S. King & Son, 1926. 120 pp.
- CASSEL, GUSTAV. Das Stabilisierungsproblem oder der Weg zu einem festen Geldwesen. (Tr. by Max Mehlen.) Leipzig, G. Gloeck-

ner, 1926. 146 pp.

- FUSS, HENRI. La prevention du Chomage et la Stabilisation economique. Brussels, L'Eglantine, 1926. 140 pp.
- HARGREAVES, E. L. Restoring Currency Standards. London, P. S. King & Son, 1926. ix, 106 pp.
- CANNAN, EDWIN. An Economist's Protest. London, P. S. King & Son, Ltd., 1927. xx, 438 pp.
- FOA, BRUNO. Influenze Monetarie sulla Distribuzione delle Ricchezze. Naples, Societa Editrice Dante Alighieri di Albrighi, Segati & C, 1927. 146 pp.
- LAZARD, MAX. Rapport sur les Travaux de la Commission d'Experts Financiers Charges d'etudier la Question du Controle International du Credit. Paris, Imprimerie Berger-Levrault, 1927. 28 pp.
- OBLATH, A. I problemi attuali della politica del credito. Trieste, Industrie grafiche italiane, 1927. 190 pp.
- PlGOU, A. C. Industrial Fluctuations. London, Macmillan & Co., 1927. xxii, 397 pp.

- SCHACHT, HJALMAR. The Stabilization of the Mark. (Tr. from the German). New York, The Adelphi Co., 1927. 247 pp.
- VERNON, LORD. Coal and Industry, the Way to Peace. London, Ernest Benn, Ltd., 1927. 40 pp.
- HAWTREY, R. G. Currency and Credit. New York, Longmans, Green & Co., 3rd ed., 1928. vii, 477 pp.
- MCKENNA, REGINALD. Speech at Meeting of London Joint City and Midland Bank Limited, January 24, 1928. London, Blades, East & Blades, 1928. Reprinted in the U. S. Congressional Record of February 24, 1928. P. 3683. Washington, D. C, 1928. Also other annual addresses to the stockholders.

外國期刊

- MARSHALL, ALFRED. Remedies for Fluctuations of General Prices. The Contemporary Review, March, 1887. P. 371. London, Contemporary Review Co., 1887. Reprinted in Memorials of Alfred Marshall. Pp. 188-211. London, Macmillan & Co., 1925.
- WILLIAMS, ANEURIN. A "Fixed Value of Bullion" Standard, a

Proposal for Preventing General Fluctuations in Trade. Economic Journal, June, 1892. Pp. 280-289. GRIFFIN, SIR ROBERT. Discussion, Fancy Monetary Standards. Pp. 463-471. WILLIAMS, ANEURIN. Reply. Pp. 747-749. London, Macmillan & Co., 1892.

· BOISSEVAIN, G. M. Een Ideale Waarde-Standaard. De Economist, 1913. Pp. 441-473. The Hague, 1913.

· MARCH, LUCIEN. Un Projet de Stabilization des Prix. Communication a la Societe de Statistique de Paris, le 15 Janvier, 1913. Reprinted from its journal. Pp. 10-24. Discussion by Edmond Thery, G. Roulleau, Aug. Deschamps, Adolphe Landry, Lucien March, Irving Fisher.

· ZEUTHEN, F. Irving Fisher's Forslag til Prisniveauets Stabilisering. Nationalokonomisk Tidskrift, July-August, 1913. Pp. 350-364. Copenhagen, 1913.

· CASSEL, GUSTAV. The Stability of the Gold Standard. Quarterly Report, Skandinaviska Kreditaktiebolaget, October, 1924. Pp. 53-64. Stockholm, Sweden, P. A. Norstedt & Soner, 1924.

- LEWIS, GILBERT N. A Plan for Stabilizing Prices. Economic Journal, Vol. XXXV. Pp. 40-46. London, Macmillan & Co., 1925.
- CASSEL, GUSTAV. The Shortage of Gold. Quarterly Report, Skandinaviska Kreditaktiebolaget, October, 1926. Pp. 49-52. Stockholm, Sweden, P. A. Norstedt & Soner, 1926.
- FISHER, IRVING. A Statistical Relation between Unemployment and Price Changes. International Labour Review, Vol. XIII. Pp. 785-792. Geneva, Switzerland, International Labour Office, 1926. Separate reprint.
- FUSS, HENRI. Unemployment in 1925. International Labour Review, Vol. XIV. Pp. 203-231. Geneva, Switzerland, International Labour Office, 1926. Separate reprint.
- MCKENNA,REGINALD. The Transition to Gold. Midland Bank Limited Monthly Review, January-February, 1926. Pp. 1-5. London, Midland Bank Limited, 1926.
- CASSEL, GUSTAV. The Connection between the Discount Rate and the Price Level. Quarterly Report, Skandinaviska Kreditaktiebolaget, October, 1927. Pp. 61-64. Stockholm, Sweden, P. A. Nor-

stedt & Soner, 1927.

- D'ABERDON, RT. HON. VISCOUNT. German Currency, its Collapse and Recovery, 1920-1926. Presidential Address to Royal Statistical Society, 1926. Journal of the Royal Statistical Society, Vol. XC. Pp. 1-40. London, Royal Statistical Society, 1927. Separate reprint. 40 pp.

- FUSS, HENRI. Money and Unemployment. International Labour Review, Vol. XVI. Pp. 601-617. Geneva, Switzerland, International Labour Office, 1927. Separate reprint.

- HANTOS, E. Die Kooperation der Notenbanken im Dienste der Konjunkturpolitik. Bank-Archiv, I October, 1927.

- MCKENNA, REGINALD. American Prosperity and British Depression. Midland Bank Limited Monthly Review, January-February, 1927. Pp. 1-6. London, Midland Bank Limited, 1927.

- MIDLAND BANK LIMITED MONTHLY REVIEW. The Course of Gold Values. May-June, 1927. Pp. 1-6. The Problem of Gold Values, Regulating Demand or Supply. June-July, 1927. Pp. 1-5. The Problem of Gold Values, National and International

附錄三　閱讀清單

Stabilisation Projects. July-August, 1927. Pp. 1-5. Stabilising the Value of Gold, A Scheme of Anglo-American Collaboration. August-September, 1927. Pp. 1-5. London, Midland Bank Limited, 1927.
- OHLIN, BERTIL. The Future of the World Price Level. Index, June, 1927. Pp. 2-9. Stockholm, Sweden, Svenska Handelsbanken, 1927.
- OSTERBERG, S. E. The Standardizing Movement of Today. Index, No. 22, October, 1927. Pp. 2-9. Stockholm, Sweden, Svenska Handelsbanken, 1927.
- TAUCHER , W. Banknotenpolitik und Konjunktur und Krise. Jahrbucher fur Nationalokonomie und Statistik, January, 1927. Pp. 1-38.
- CASSEL,GUSTAV. The Influence of the United States on the World Price Level. Quarterly Report, Skandinaviska Kreditaktiebolaget, January, 1928. Pp. 1-5. Stockholm, Sweden. P. A. Norstedt & Soner, 1928. 其他有關穩定化的重要文章幾乎可以在本刊物從1920年至今的所有期刊中找到。

- WIGGLESWORTH, F. Gold and Stability. Contemporary Review, April, 1928. Pp. 478-483. The Contemporary Review Co., Ltd., London, 1928.

附錄四
專家引言

　　部分讀者或許會對其它學者或穩定貨幣支持者的主張感興趣。以下引言大多摘錄自穩定貨幣協會（地址：紐約市第五大道104號）蒐集並出版的文獻。

- Chamberlain, Lawrence. The Principles of Bond Investments, 1911。

「對於長期貸款的放款人而言，『固定利息』這一問題所牽涉的，不僅是借款人支付的確定性和規律性，更深層次的問題在於貨幣未來的購買力⋯⋯如果能有某種會計系統，讓放款人可以按『當前生活必需品的購買力』來收取一定百分比的利息，那就更好了。」

- Mott, Howard S., Vice-President, Irving National Bank, New York, May, 1920.

「因劇烈、長期或廣泛的總體物價水準變動，所造成的苦難，可能甚於其他一切因素的總和。」。

- Miller, A. C, Member Federal Reserve Board, at the joint conference of the chairmen and governors of the Federal Reserve Banks, Washington, D. C, October 26, 1921.

「我們應當避免通貨緊縮，如同我們竭力避免通貨膨脹一樣。我所謂的通貨膨脹，是指信用擴張最終導致物價總體上漲；而通貨緊縮，則是指信用緊縮最終導致物價下跌。健全的經濟與信用政策，應力求在這兩處危險的暗礁之間，引導經濟走向中間航道。」

- Cassel, Gustav, Money and Foreign Exchange After 1914, New York, Macmillan, 1922.

「在所有有助於促進世界貿易與整體福祉的貨幣體系特質中，唯一真正重要的，是穩定。」

附錄四 專家引言

「然而,維持黃金價值的穩定是一個極其重要的議題。如同其他商品一樣,黃金的價值是由供需關係決定的,但若因此推斷,我們無法在維持黃金價值穩定上有任何作為,那就大錯特錯了。整體而言,黃金的供給主要取決於全球累積的黃金儲備量以及每年的開採量。黃金的年產量固然會在某種程度上受到黃金購買力的影響,但在其他方面,則更多地受到自然條件的制約。反觀黃金的需求,尤其是所謂「貨幣性需求」,則是我們可以大幅影響的面向。……若要使黃金在未來實現價值穩定,中央銀行之間必須協同合作,適當限制對黃金儲備的需求。此一需求不可過低,亦不可過高,必須依市場情勢,循理調整,以維持黃金價值大致不變。往後,這將成為各大中央銀行黃金政策的首要任務。其持有黃金儲備的核心目的,正是為了穩定全球黃金市場,而這正可藉合作實現。」

- Filene, Edward A., New York World, May 21, 1922.

「經濟學家所倡導的穩定美元購買力的措施,或許有時能幫助消除部分『虛假工資』的問題。一個科學的解決方案是極其必要的……」

- Selections from Resolutions of the Genoa Economic Conference in 1922.

「公約的目的在於集中並協調對黃金的需求,從而避免黃金購買力出現劇烈的波動。」

- Goldsborough, Hon. T. Alan, M. C, in the House of Representatives, May 23, 1922.

「我堅信貨幣的購買力是可以穩定的。我相信,當我們找到解決方案時,會發現這是一種輕而易舉的方式;且我希望這個方案很快就能被納入法律。」

- McKenna, Right Honourable Reginald, Chairman Joint City & Midland Bank, at the Annual Meeting, January, 1922.

「簡單來說,『通貨膨脹和通貨緊縮』對經濟都是有害的。我們需要的是穩定,一個既能避免通貨膨脹,也能躲開通貨緊縮的平衡點。當我們有了穩定的價格,就有了可以安心進行貿易的基礎。」

附錄四　專家引言

- Iowa Bankers' Association in Convention at Ames, Iowa, 1923.

「聯邦儲備理事會的職責就是掌管執行《聯邦儲備法案》,以保障國家在未來免受通貨膨脹和通貨緊縮的威脅。我們全力支持尋找並實施最佳的立法措施,以保障貨幣的購買力。」

- Snyder, Carl, Economist Federal Reserve Bank, New York, in American Economic Review, June, 1923.

「我們不應該再忍受無數的罷工、工資爭議、交通癱瘓與道路封鎖。幾乎每一場罷工和工資爭議,都源自於貨幣購買力的波動。如果購買力能夠穩定,大部分的勞動爭端將會消失。隨之而來的,將是發明家、科學家、工程師、效率與生產專家的才華得到充分發揮,開闢出增進人均勞動產量、合理分配產品、減少人力勞動的新途徑。」

- Strong, Benjamin, Governor Federal Reserve Bank of New York, in Collier's Weekly, 1923.

「除非與薪資有關,否則勞資糾紛不大會演變成十分嚴重、曠日

持久或失序的狀態；而薪酬糾紛發生的時點幾乎都是在物價上漲時發生。」

「物價下跌時期往往會要求增加法定貨幣，以及要求政府補貼特定產業。」

「因此，工業和國家安寧的基本條件不就是價格合理的穩定嗎？就像是1909年至1915年末那樣。」

「我與福特汽車創辦人亨利·福特先生（Henry Ford）一樣相信，廣大勞工最渴望的就是就業保障，以及一份能夠反映穩定購買力的足夠工資。」

· Zimmerman, Dr. Alfred, Commissioner General of the League of Nations at Vienna, interview reported in the press of October 29, 1923.

「當健全的財政管理和穩定的貨幣最終戰勝通貨膨脹政策時，信心將會回歸。」

· Alexander, James S., Chairman National Bank of Commerce, New York, in annual address to shareholders, January 8, 1924.

附錄四　專家引言

「儘管許多人認為只有物價上漲才能確保社會繁榮,但其實真正的繁榮是依賴於穩定。」

・Beckhart, B. H., Discount Policy of the Federal Reserve System, Henry Holt & Co., New York, 1924.

「聯邦儲備銀行成立的目的,不僅僅是為了防止金融恐慌或緩解貨幣市場秋季的緊張局勢(儘管這兩個目標都已實現)。它們的成立也不是為了讓成員銀行能夠從再貼現中套利,它們也不是信貸的批發商。它們的職責是促進物價穩定,進而促進國家經濟生活的穩定。」[1]

・Foster, W. T., Director Pollak Foundation, and Catchings, Waddill, of Goldman, Sachs and Company, in Harvard Business Review, April, 1924.

「因此,首要的貨幣需求是一個穩定的價值單位;而這並非偶然

---

[1] 譯注:以往秋季是秋收或商業活動回升的季節,在資金需求增加的情況下,貨幣供給也會較為緊張。

得來。即便沒有其他證據,美國過去五年的記錄也應當使我們確信,國家要能免受通貨膨脹之害,並非僅僅依靠儲備率,亦非僅憑『響應企業合理需求』的信貸擴張,或『常規生產過程』中的融資擴張⋯⋯至少有以下四個令人信服的理由,促使我們立即採取措施,將確保美元的可靠性,作為政府有意識政策的明確目標。」

- Keynes, John Maynard, Gold in 1923, The New Republic, February 27, 1924.

「貨幣改革有兩個目標:一是矯正信貸週期,減緩失業及所有不確定性帶來的弊端;二是將貨幣標準與真正重要的事物掛鉤,亦即主要消費品的價值,而非黃金。誠然,黃金曾被古埃及和迦勒底[2]的銀行主管視為具有魔力的東方珍寶,但其本身並無實用價值,且未來前景也不牢靠。」

- Wolff, Dr. Frank A., Bureau of Standards, Washington, D. C, be-

---

2 譯注:迦勒底人(Chaldean)是生活在古巴比倫的族群。

fore the Committee on Banking and Currency of the House of Representatives, February 26, 1924.

「政府的預算局（Bureau of the Budget）面臨的最大難題之一，且其無能為力的，正是物價水準不穩定的弊害。」

・D'Abernon, Right Honourable Viscount, German Currency: Its Collapse and Recovery, 1920-6, Royal Statistical Society, London, England, 1926.

「在通貨膨脹所引發的公平問題上，有一種頗具諷刺意味的正義：最終因通貨膨脹而蒙受最嚴重損失的，恰恰是那些在初期最為支持它的階級。他們以為，在紙幣持續大量發行的情況下，先前借貸，為期六個月的款項，將可在極其有利的條件下以紙幣償還。他們自然而然地認定，既然這樣的貨幣制度能促成如此愉快的生意，想必也不會太壞，更稱不上徹底不健全。只要貨幣貶值的幅度尚屬溫和，他們的如意算盤確實精明；但最終的結果是，一旦崩潰來臨，靠這番精算所得的利潤悉數在災難中付諸東流，而他們所一再支持的過度發鈔，也反過來造成其資產的大幅縮水，以至於短暫的獲利不僅付之一炬，還遠

不足以抵消最後的損失。」

- Hoover, Herbert, Secretary of Commerce, The World's Work, January, 1926.

「我們都希望這個經濟體系能夠更加穩定，讓人們在工作和生意上都有保障。」

- Rovensky, John E., Installation Addressat the Annual Dinner and Meeting of the Stable Money Association, at St. Louis, Mo., Dec. 30, 1926.

「當前最迫切的經濟課題，是穩定貨幣的購買力。這是一項全球性的問題——在某些國家尤為嚴峻，但無論何處，或多或少皆面臨這個問題。」

「我們觀察到，世界各國或多或少皆在逐步恢復金本位制度，並表示一定程度的滿意；相比戰爭期間所採取的各種權宜之計，金本位對貨幣購買力的穩定作用確實更為可靠。然而，我們也清楚認識到，即使金本位能在全球普遍實行，充其量也只是回到戰前條件的一種手段而已。我們仍須面對更根本的課題：如

何建立一種比單一商品——黃金——所支撐的貨幣制度更為穩定的機制,尤其黃金本身只是一種金屬,其產量、分配與用途,難免受到其它因素所左右。」

- Strong, Hon. James G., M. C, in speech before House of Representatives, February 20, 1926.

「我認為,美國國會既被賦予「鑄造貨幣」與「調節價值」的職權,現在正是時候應該明確宣示對穩定性的承諾。當前正值世界歷史上少見的有利時機,得以實現我們所渴望的穩定。我國擁有全球將近三分之二的黃金儲備,因此完全有條件在金本位下引導價格的穩定。」

「早在1913年,參議員羅伯特・萊瑟姆・歐文(Robert Latham Owen)提出的《聯邦儲備法案》中,實際上曾納入一項條文,指示聯邦儲備系統的官員應以「促進物價水準的穩定」為其運作目標。此外,我也得知,該條文是在總統及其財政顧問同意之後才正式寫入法案的。然而,當時世界大戰一觸即發,要在工商界推動這一重大進展,時機尚未成熟;而今,正是各項條件水到渠成的時候。」

- Willis, H. Parker, Presidential Address to the Stable Money Association, at St. Louis, Mo., Dec. 30, 1926.

「這項改革至關重要,我們必須格外謹慎,避免使用過於激烈的語言,也不宜過度熱情或誇大它可能帶來的益處。穩定貨幣單位的購買力,固然不會帶來所謂的經濟上的千年盛世,但確實有助於大幅緩解當前不穩定狀態下種種嚴重的弊病。向公眾揭示這些弊病的根源,並說服國民相信,只要貨幣穩定至少可以緩解這些弊端,而這正是這場運動最根本也最具意義的任務。」

「……我認為我們可以誠實地說,與過去相比,人們對價格波動的弊端有了更廣泛的意識,並且更真切地認識到需要補救辦法以及找到補救辦法的可能性。」

- Ford, John, Justice of the Supreme Court of the State of New York, December 15, 1927.

「近半個世紀以來,我始終堅信:價格的波動,若肇因於錯誤的貨幣供應調節方式,乃是人類最為嚴重的禍害之一。而各國之所以長期容忍這種災難延續不止,正是因為未能理解整體物價水準與交易媒介數量之間的關聯。」

附錄四　專家引言

· Kemmerer, Professor E. W., at meeting of the Stable Money Association, December, 1927.

「世界遲早必須學會如何穩定金本位，或是設計出其他貨幣本位來取而代之。」

「當今世界經濟組織最嚴重的缺陷，恐怕莫過於我們所採用的價值單位，並非具有固定價值之物，而是重量恆定，但價值卻劇烈變動的黃金。在美國不到半世紀的時間裡，我們的價值衡量標準，亦即一美元黃金的價值，經歷了如下的劇烈波動：從1879年至1896年，上漲了27%；從1896年至1920年，下跌了70%；從1920年至1927年9月，又上漲了56%。以長度打個比方，當1879年美國重返金本位時，價值的衡量標準是36英寸長；到了1896年，它變成了46英寸；1920年時，則縮短至13.5英寸；而今日，它僅剩21英寸。」

· Lazard, Max, Rapport sur Les travaux de la Commission d'experts financiers charges d'etudier la question du Controle International du Credit, September 14-18, 1927, Vienna.

「迄今為止的經驗顯示，價格水準的上漲與經濟繁榮之間有明顯

的關聯,而價格下跌則往往與經濟蕭條時期相吻合⋯⋯」

「集體的購買力基本上取決於信貸的總體規模,因此所提出的目標似乎可以通過在物價指數上升時,限制信貸工具的使用,並在物價指數下降時加強其使用來實現。」

「本委員會認為,協會中的所有國家應高度重視,探索在各自國家內實踐上述原則的可能性,並在這些可能性範圍內,努力實現其有效應用。」

「本委員會建議,應向各國政府提出倡議,要求設立官方調查委員會,對總體物價水準進行調查,並研究如何進行有效的調節。」

· Midland Bank Limited Monthly Review, "The Problem of Gold Values Regulating Demand or Supply," London, June-July, 1927.

「歷史早已表明:除了戰爭與宗教迫害外,恐怕沒有哪一項單一因素,比總體物價水準的劇烈波動更能帶來苦難與不幸。此言或許聽來誇張,實則全非煽動之辭。自貨幣成為文明社會不可或缺的一環以來,各國的歷史進程已多次證明其真確無疑。物價的穩定,當為人類所應追求的目標,其重要性,僅次於國內與國際的和平。」

附錄四 專家引言

· Pigou, Professor A. C, Industrial Fluctuations, Macmillan and Co., Ltd., London, 1927.

「我認為,如果價格穩定政策能夠成功推行,產業波動的幅度將會大幅縮減,或許能減少到目前的一半,但顯著的波動仍然會存在。」

· Vernon, Lord, Coal and Industry the Way to Peace, Ernest Benn, Ltd., London, 1927.

「倘若貨幣價值確實能夠被抬升或壓低,那麼可以用此,將貨幣價值維持在合理的恆定範圍內……」

「通常大眾會聽到政府含糊不清、隱晦的暗示,如『中央銀行已掌控大局,只要交由美國的聯邦儲備系統和英國的英格蘭銀行在幕後妥善安排即可』。然而,撇開戰前結果似乎並未證實這種含糊樂觀的看法不談,這種觀念不僅不民主,而且對普羅大眾極度不公,他們有權知道政府如何處置他們辛勤工作所得到的財產。」

· Warburg, Paul M., Chairman, Committee on Banking and Currency of the Merchants' Association of New York, May 24, 1927.

「本協會贊同普遍的觀點,即盡力穩定物價水準是最能夠符合國家利益,並認為聯邦儲備局和聯邦儲備銀行在制定貼現和公開市場操作政策時,應時刻牢記這一目標。」

「然而,若任由民眾心中滋長一種錯誤觀念,認為聯邦儲備系統(無論其官員如何竭力追求價格穩定)應為未能達成此理想負責,將會是危險的。正如前述,唯有透過聯邦儲備系統以外的力量,在全球共同協調合作之下,此一理想方有可能實現,這不僅限於美國境內,全球所有國家亦然。」

- Mellon, Andrew W., Secretary of the Treasury. Address before Chamber of Commerce of Charlotte, North Carolina, January 19, 1928.

「世界各國必須在穩固的基礎上重建,我們的剩餘產品才能找到出口市場。只有這樣,企業才能夠提前計算購買原材料的成本,並更準確地預估最終產品的售價。如果能夠做到這一點,企業就能夠擴大經營規模,增加國外採購,這意味著對我們自身的剩餘產品會有更大的需求,並促進國內以及其他國家的商

業擴張。」

「在當前貨幣動盪不安的時期,世界穩定的重責大任落在了我國肩上,幸運的是,我們擁有聯邦儲備系統這樣一個機構,它不僅有能力對我國貨幣市場的穩定發揮重要影響,也能協助國外的金融重建。」

「聯邦儲備制度目前的運作方向,可謂穩健且具建設性,但千萬不能過度寄予不切實際的期待。它並不是能解決一切金融與經濟弊病的萬靈丹。無論是聯邦儲備制度,或任何其他體系,都無法控制物價。它所能做的,不過是在某些時候,以有限程度影響信貸總量及其成本罷了。信貸固然是影響物價的因素之一,但既非唯一,也非主導因素;若僅因其對信貸有局部干預的能力,便要求其對物價變動負責,無異於要求它完成不可能的任務。」

· Commons, John R., "Farm Prices and the Value of Gold," The North American Review, January and February, 1928.

「國會賦予聯邦儲備系統協調行動的權力,使其能夠控制黃金價值和世界物價總體水準。然而,國會並未制定明確的政策,僅

以模糊的『適應商業和貿易』為指引,這使得聯邦儲備系統的決策者承擔了不公平的責任,即他們必須利用未經指引的私人判斷力,來決定國家需要什麼,以及對國家有什麼好處。這種疏漏已經在聯邦儲備系統內引起分歧。例如,關於是否應統一降低再貼現率的問題,以美元衡量,人民的收入或許並未大幅減少,但若以食物、住所和衣物等必需品計算,人民的實際購買力卻已減半。」

「這項基礎經濟學的教訓如此實際且令人惱火,以至於社會上出現越來越多第三類證券購買者,他們關心的既非資本利得,亦非以美元計價的穩定收入,而是著重在穩定的貨幣購買力」。

· Wells, H. G., Has the Money-Credit System a Mind? The Saturday Evening Post, May 5, 1928.

「這個世界對其貨幣信用組織有三項主要需求。首先是可信賴的工資。這意指一日、一週或一月的工作所得報酬,必須確實信守對勞工的承諾。它必須代表絕對穩定的購買力,絕對不會蒸發。若勞工選擇暫時持有工資,之後再行購買,必須確信其工資仍能買到當初賺取時預期之物。當貨幣能提供此等充分保障

時,勞工方能竭盡所能。反之,若貨幣未能做到,則將引發勞工的焦躁與士氣低落。……而在追求人類幸福與生產力的課題上,繼付款保障之後,便是就業保障的問題。」

· Views of one hundred British Industrialists, New York Times, May 27, 1928.

「根據一百位製造業相關人士的看法,他們已致函英國首相史丹利·鮑德溫(Stanley Baldwin)闡述此事,英國工業的弊病並非源於高稅賦,而是當前的貨幣體系。這份名單囊括了前美國大使奧克蘭·格迪斯爵士(Sir Auckland Geddes)以及丹比伯爵(Lord Denbigh)等知名人士。」

「簽署人們在提出他們解決工業困境的方案時表示:『我們深信,穩定的貨幣信貸體系以及物價水準的方法,是恢復國家大型基礎產業繁榮的先決條件。這將遠比政府迫於情勢而採取的權宜之計更為有效。』」

Acknowledgments

致謝

有許多關心貨幣不穩定問題的人，撥冗閱讀了這本書的草稿，並提供很多寶貴的建議，以下列出他們的名字，以表達我衷心的感謝。

Fred E. Ayer、Carl G. Barth、B. H. Beckhart、H. F. Boettler、Gladwin Bouton、H. B. Brougham、Harry Gunnison Brown、W. Randolph Burgess、Ellis Chadbourne、Lawrence Chamberlain、Edwin J. Clapp、J. M. Clark、Jack R. Crawford、Alfred M. Cressler、Miles M. Dawson、Paul H. Douglas、E. F. DuBrul、George W. Edwards、Clara Eliot、Herbert W. Fisher、Irving N. Fisher、William T. Foster、John P. Frey、Elishing H.Douglas, E. F. DuBrul, George W. Edwards, Clara Eliot, Herbert W. Fisher, Irving N. Fisher, William T. Foster, John P. Frey, Elisha M. Friedman, T. Alan Goldsborough, M. K. Graham, Hudson B. Hastings, E. W.

Kemmerer, Robert D. Kent, Willford I. King, F. B. Knapp, Edwin W. Kopf, Vincent W. Lann.Kopf, Vincent W. Lanfear, William C. Lee, David J. Lewis, Theron McCampbell, Lucia Ames Mead, Royal Meeker, Harry E. Miller, Wesley C. Mitchell, S. R. Noble, Robert W. Pomeroy, Emily F. Robbins, John E. Rovensky, A. W. Russell, Hugo Seaberg, George Shibley, Augustus Smith, Clyde H. Snook, Carl Snyder.Snook, Carl Snyder, George Soule, Edward W. Spooner, Darien A. Straw, H. C. Taylor, D. J. Tinnes, Robert H. Tucker, Kenneth S. VanStrum, H. M. Waite, H. A. Wallace, C. M. Walsh, G. F. Warren, H. T. Warshow, Philip P. Wells, Ralph W. Wescott, Miriam E. West.H. Parker Willis、Robert B. Wolf、Frank A. Wolff、Harvey A. Wooster。

我依照字母順序列出這些名字，深信這樣的安排不會讓協助者認為我只強調某些人的幫助。在此，我要再次提出以下幾位，感謝他們對本書的協助：B. H. Beckhart教授、Harry Gunnison Brown教授、William T. Foster博士、M. K. Graham先生、E. W. Kemmerer教授、Edwin W. Kopf先生、Royal Meeker博士以及Miriam E. West教授。

貨幣幻覺：「一美元」的經濟課
The Money Illusion

歐文・費雪 Irving Fisher／著
白瑞秋／譯

書系｜知道的書Catch on! 書號｜HC0112

著　　　者	歐文・費雪 Irving Fisher
譯　　　者	白瑞秋
特 約 編 輯	許瀞予
全書美術設計	郭嘉敏
行 銷 企 畫	廖倚萱
業 務 發 行	王綬晨、邱紹溢、劉文雅
總 　編 　輯	鄭俊平
發 　行 　人	蘇拾平

出　　版　大寫出版
發　　行　大雁出版基地 www.andbooks.com.tw
　　　　　地址：新北市新店區北新路三段207-3號5樓
　　　　　電話：(02)8913-1005 傳真：(02)8913-1056
　　　　　劃撥帳號：19983379　戶名：大雁文化事業股份有限公司

初版一刷　2025年6月
定　　價　450元
版權所有・翻印必究
ISBN 978-626-7676-15-8
Printed in Taiwan ・ All Rights Reserved
本書如遇缺頁、購買時即破損等瑕疵，請寄回本社更換

國家圖書館出版品預行編目（CIP）資料

貨幣幻覺：「一美元」的經濟課 / 歐文・費雪（Irving Fisher）著；白瑞秋
譯 | 初版 | 新北市：大寫出版：大雁出版基地發行 | 2025.6
232面；14.8x20.9公分．（知道的書Catch on!；HC0112）
譯自：The Money Illusion
ISBN 978-626-7676-15-8（平裝）

1.CST: 貨幣　2.CST: 貨幣政策　3.CST: 通貨膨脹

561　　　　　　　　　　　　　　　　　　　　　114005998